文化自信是一个国家、一个民族发展中更基本、更深沉、更持久的力量。文化兴国运兴，文化强民族强。

没有高度的文化自信，没有文化的繁荣兴盛，就没有中华民族伟大复兴。

——摘自党的十九大报告

作者简历

　　杨永发　现为上海市社区文化服务中心副主任,长期从事上海市公共文化服务工作。上海市摄影家协会会员、上海市艺术摄影协会理事、人文摄影旅行家。

　　三十余年来,作者利用业余时间走遍大江南北,对凝聚着五千年中华文明灿烂成果的原生态人文和自然景观情有独钟,从中寻找一条传承有序的"精神脉络",独具慧眼地发掘"中华民族的基因""民族文化血脉"和"中华民族的精神命脉",并探索在新时代的大背景下,中华优秀传统文化对进一步增强民族自信心、民族自豪感和民族凝聚力,实现中华民族伟大复兴的当代价值及重要意义。曾出版的图文专著逾两百万字,有:《寻觅备选世遗佳境》(中英文对照)、《寻觅中国丹霞胜境》《寻觅江南秘境》等。其举办的系列个人摄影展和专题演讲有:《永不干涸的文明长河——中国最具人文精神和审美价值的 20 个景观》《乡愁——中国人的根与魂》《心藏的诗,典藏的画——西藏离我们很近》《江南秘境与人文精神》等。

杨永发 著

永不干涸的
大道清源

故中
事国

从丝绸之路到"一带一路"

（第三辑）

内容提要

中国是世界上少数几个历史文明长河没有干涸的国家之一，而这些灿若星辰的文明记忆，就凝聚和沉淀在中国的人文和自然遗产之上。本书作者杨永发三十余年来，坚持寻访和研究遍及大江南北的中国原生态人文与自然遗产，以数千年前的"丝绸之路、海上丝绸之路和万里茶路"为主线，以沉淀和凝聚在这些历史文化遗产上最具中国元素的"文化符号"为焦点，以挖掘和提升中华民族的人文精神和博大胸怀为核心，从数千处最具中国人文精神和审美价值的人文和自然遗产中，精选出了一百多处编辑成书。本书为第三辑。

书中的摄影作品具有独特的视角和审美冲击力，作者曾在上海及外省市举办过十余次个人采风摄影展；文字所述为作者对这些遗存采风之深刻感悟。

图书在版编目（CIP）数据

永不干涸的大道清源：中国故事：从丝绸之路到"一带一路". 第三辑/杨永发著. —上海：上海交通大学出版社，2021

ISBN 978-7-313-24710-0

Ⅰ. ①永… Ⅱ. ①杨… Ⅲ. ①丝绸之路–文化遗产–中国 Ⅳ. ①K878.04

中国版本图书馆CIP数据核字（2021）第014356号

永不干涸的大道清源

——中国故事：从丝绸之路到"一带一路"（第三辑）

YONGBU GANHE DE DADAO QINGYUAN

—— ZHONGGUO GUSHI: CONG SICHOUZHILU DAO YIDAIYILU（DI-SAN JI）

著　　者：杨永发			
出版发行：上海交通大学出版社	地　　址：上海市番禺路951号		
邮政编码：200030	电　　话：021-64071208		
印　　制：上海锦佳印刷有限公司	经　　销：全国新华书店		
开　　本：787mm×1092 mm　1/16	印　　张：16.5		
字　　数：239千字			
版　　次：2021年2月第1版	印　　次：2021年2月第1次印刷		
书　　号：ISBN 978-7-313-24710-0			
定　　价：98.00元			

序

精耕"一带一路"，彰显人间正道

上海社会科学院世界中国学研究所
执行所长、博士 王海良

　　两千多年前的古丝绸之路，是一条横贯欧亚非大陆的商贸互惠之路，也是一条世界文明交融通汇之路。当今中国提出的"一带一路"伟大倡议，在继承和弘扬古丝路精神的基础上，上承历史，下启未来，承载和平与合作，以东方智慧为全球合作与发展探寻一条新的康庄大道。

　　从丝绸之路到"一带一路"，世界发生了沧桑巨变，但一个共同命题却不曾改变，那就是寻找一条各民族合作共赢之路。它们的外在形态是通道、路径和桥梁，但它们的内在实质是文化与文明的交流、互通和融合，是人与人的交流、沟通和理解。"一带一路"提出打造沿线各国"利益共同体"与"命运共同体"，无疑是对古代丝绸之路的一种超越，是百年未遇之大变局中的中国与世界之间深度互动的全新链接范式，是对全球化的创新、推动和发展，也是中国对人类文明发展的新贡献。

　　当今世界，冷战结束后欧亚大陆出现了很多复兴"丝绸之路"的建议和设想，但这些方案都有一定的排他性、矛盾性和不兼容性。这与中国构建"一带一路"新模式形成了很大反差，因为中国的"一带一路"宏大倡议独具兼容性和统一性，这是中国为世界提供的一个充满了东方智慧、致力于共同发展的上佳方案，是为构建人类命运共同体而进行的新探索和新实践。同时，它也是中国进一步改革开放、全面融入世界，实现中华民族伟大复兴中国梦的新篇章。

　　中国是世界上唯一一个历史文明长河没有干涸的国家，古丝绸之路上灿若星辰的文明记忆，犹如大道清源，彰显人间正道，为当今时代国家与民族的发展与治理，提供了能够实现包容和可持续发展的新模式。展现在读者面前的这本书，正是一部通过文化之旅展示"一带一路"文化渊源的著作，也是一本图文并茂讲述丝绸之路上诸多精彩中国故事的好书。它的作者杨永发先生是一位人文摄影旅行家，长期奔波于中华大地，探寻各处胜境，并以独特的眼光撰写出版了《寻觅备选世遗佳境》《寻觅中国丹霞胜境》《寻觅江南秘境》等专著。三十余年来，他以超人的毅力，坚持在古丝绸之路沿途寻找闪烁着人性光芒的人文遗存，在从丝绸之路到"一带一路"两千多年的时间和空间跨度中，通过历史和现实两个不同维度，以中华文明发展为脉络，挖掘了发生和沉淀在古丝绸之路上，独具历史内涵、文化价值、东方智慧，以及强调包容互鉴、亲诚惠容和人文情怀的近百个"中国故事"。

　　玉门关的大漠孤烟、焉支山下的万国盛会、九日山的祈风石刻、麦积山的永恒微笑、庆元港的劈波弄海、仙鹤寺的博大胸怀、北庭故城的雄峙天山、怀圣寺光塔的千年航灯、函谷关的紫气东来、居延海的弱水流沙、独克宗的茶马互市、登州港的黄金水道、德令哈的丝路奇城……这些定格在古丝路之上，独具东方象征符号的"中国故事"，积淀和延续着历史，书写着中华民族和丝绸之路上各民族和平共处、互通共赢的理念和经历，展现着人类文明和谐共处的宝贵历史经验，昭示着不同文明之间友好交流的轨迹，揭示着国家兴衰与文明进程的发展规律。这正是当下全球化大潮中国际社会迫切需要借鉴的历史经验，也是古丝绸之路的当代意义和文化价值所在。

"一带一路"建设需要大力弘扬责任意识和担当精神。不论是张骞"凿空西域道"，打通洲际通道"最后一公里"，还是玄奘独自一人"西行五万里"求得真经，又或是郑和"云帆高张，昼夜星驰"，七下西洋维护"海道清宁，协和万邦"的国际海上贸易通道，他们都将社会发展利益置于自己的身家性命之上。这种敢于担当、不屈不挠的精神，正是我们在"一带一路"建设中最宝贵的精神财富。

"一带一路"建设也需要发挥中华优秀传统文化的引领作用。文化是"一带一路"的灵魂，包括儒家思想在内的中国优秀传统文化中，蕴藏着解决当代人类社会难题的重要启示。无论是古代丝绸之路经济带的闪光点，还是中华文明关于人类社会共同价值的思想经典，或是当代丝路经济带沿线各国友好往来的感人故事，都离不开秉持和发挥优秀传统文化的积极价值。实施"一带一路"伟大倡议，就要借助文化彰显、文化传承、文化修复等方式，保护好已有的丝路文化遗存，并通过大力创新，赋予古老的丝路文化地标以时代内涵，使之增添新的文化魅力。

"一带一路"建设还需要大力弘扬丝路精神。这就是习近平总书记概括的"和平合作、开放包容、互学互鉴、互利共赢"。古丝绸之路绵亘万里，延续千年，积淀的丝路精神是人类文明的宝贵遗产。和平合作，就是以驼队和善意代替战马和长矛，用宝船和友谊代替坚船和利炮，靠一代又一代"丝路人"架起延绵不绝的东西方合作的纽带、和平的桥梁；开放包容，就是不同文明、宗教、种族之间求同存异、开放包容，并肩书写相互尊重的壮丽诗篇，携手绘就共同发展的美好画卷；互学互鉴，就是展现交流的魅力、互鉴的成果；互利共赢，就是在"一带一路"大动脉上，让资金、技术、人员等生产要素自由流动，使商品、资源、成果等实现共享。

历史是最好的老师。丝路兴，则国家兴；丝路衰，则国家衰。衷心期待广大读者能从这本书中汲取古丝绸之路所承载的中华文明智慧和养分，增强中华民族的文化自信，并通过讲好丝绸之路"中国故事"，增进与"一带一路"沿线国家人民的相互理解和友谊，促进"一带一路"大合作，为中华民族伟大复兴，实现中国梦与亚欧命运共同体的美好未来尽一份力。

二零一七年夏于上海

永不干涸的
大道清源
从丝绸之路到
『一带一路』
中国故事

目录

四川·丝绸之路

福建·海上丝路

吉林·丝绸之路

甘肃·丝绸之路

新疆·丝绸之路

宁夏·丝绸之路

广东·海上丝路

贵州·清水江文明

浙江·海上丝路

陕西·丝绸之路

重庆·丝绸之路

我们走和平发展道路

是对几千年来中华民族热爱和平的文化传统的继承和发扬

佛教中国化、民族化、世俗化的典范

001

伫立风中的绝响

四川省资阳市安岳县·丝绸之路

相对于世界文化遗产大足石刻的游人如织，与之毗邻的安岳石刻就鲜有人问津了，这些代表中国最高水平的唐宋石刻艺术，宛如散落并"安居于山岳之上"的明珠，需要有心之人在方圆数百公里的川中丘陵浅坡中一颗颗细细寻觅。

这些石刻造像凝固着丝绸之路中西方文化交融互鉴精粹，诠注了中华儒释道"三教合一"精髓，分布于安岳全县4个区32个乡，其中保存完好的有45处，计有摩崖造像105处，造像约10万身。这些石刻作品兴始于南北朝时期，唐宋时期达到顶峰。在千姿百态林林总总的石刻造像中，超过高3米以上的有上百尊，5米以上的有40多尊。她们雕工精细，刀法娴熟，化静为动，化虚为实，气魄宏大，含笑绝尘，充满着生命的张力，生活的智慧。一千三百余年的岁月沧桑，使这些石刻流淌着丰富而又浓郁的历史韵味，仿佛在细细讲述丝路上一个个遥远的故事。

中国第一极品观音

毗卢洞位于安岳县城东南的石羊镇赤云片区油坪村塔子山上，距县城约50公里。安岳至大足的省级公路横穿于塔子山脚。这里山峦叠翠，岩石峭立，毗卢洞就开凿在这些磊磊秀石之中。

毗卢洞山下是一处人声鼎沸的乡村集市，山上却是一片宁静安祥的佛土。东方暨白，我与同伴身披金色的朝阳，穿过尘世的

① ②

① 安岳毗卢洞幽居洞雕刻的密宗第五代祖师柳本尊造像也别具特色。在高6.6米，宽14米，深4.5米的洞窟中，雕刻有柳本尊的"十炼修行图"，构图严谨，造像生动，通俗易懂，堪称宋代石刻精品。

② 国宝级文物毗卢洞，离安岳县城47公里，由观音堂、千佛洞、幽居洞、毗卢道场、莲花台等组成，有造像446尊，碑刻题记32处，尤以观音堂的紫竹观音最为精湛，英籍作家韩素音女士赞其为"东方维纳斯"而享誉海内外。

喧嚣来到幽静的毗卢洞寻宝。身为国宝级文物的毗卢洞其实是毗卢洞、幽居洞、千佛洞和观音堂的总称，现存摩崖石刻造像近五百尊，碑刻题记三十余处，其中观音经变窟中的那尊紫竹观音造像堪称安岳石刻造像之极品，北宋石刻艺术的珍品。

一抹浅浅的初阳照射在观音镀金的脸上，散发出一道耀眼的佛光，营造出一种摄人心魄的美。细细打量，只见她悬坐于凸露的峭岩石窟之中，背倚浮雕的紫竹和柳枝净瓶，头戴富丽华贵的贴金花冠。蛾眉上竖，凤眼下垂，直鼻微隆，朱唇略闭。上身穿短袖薄裟，袒胸裸肘，臂戴膀圈，璎珞象随身而泻的金色瀑布，网坠于胸腹。下身着长裙薄如蝉翼，紧贴于腰腿之间，衣裙飘逸，富于动感。

她端坐在一张3米长的弧形荷叶上，上身稍左侧，左手抚撑叶面，右手放在膝盖，五指自然下垂。一双秀丽的赤脚，左脚悬于莲台，轻轻踏着花蕊，右腿弯曲上翘，脚踏莲叶，风韵迷人。除了"紫竹观音"的称呼，当地百姓又俗称她"翘脚观音""水月观音"。

如此明眸皓齿、貌美如花的观音，彻底颠覆了以往观音在世人心目中那端庄神圣的形象。我有点不太相信自己的眼睛，在一千年之前的北宋，竟然以世俗中年轻美女的纤秀柔美来表现菩萨形象，安岳的石刻大师实在有点惊世骇俗，手笔不凡。

一千年来，紫竹观音就静静地端坐在这里，她既是宗教偶像，也是古代四川韶华淑女的化身。她绽放于尘世之间，却犹如一朵

"出污泥而不染，濯清涟而不妖"的青莲，出于淤泥，莲心不染。

空山有茗山

茗山寺位于安岳顶新乡民乐村虎头山巅，距县城六十余公里。因"唐道佛骨禅宗

上图　安岳周边山脉层峦叠翠，群山拱衬，独虎头山雄踞其中，形似猛虎视诸峰。茗山寺因"唐道佛骨禅宗更播于名山"造寺得名，始建于唐元和年间而盛于北宋。山上古道壁立，环山佛像林列。现寺存唐、宋摩崖造像63尊，共13窟，圆雕石像31尊，其中5至7米的8尊，1至4米的造像50余尊，碑刻19通，题记4处。虽造像数目不多，但规模十分宏大，皆雕刻于顶峰绝壁，雄伟壮观，艺术精湛，是有极高审美价值的摩崖石刻精品。图为大势至、观音菩萨并立龛。

更播于名山"而造寺得名，始创于唐元和年间，而盛于北宋。从导航信息得知，虽说茗山寺离华严洞并不远，但一路上从荒无人烟的山中小道绕来弯去，如果没有当地老乡的带路，恐怕我只能在大山深处瞎转悠。

小路的尽头是一处荒草过膝的山间平地，抬头但见虎头山脉层峦叠翠，群山拱衬，独虎头山雄踞其中，形似猛虎，傲视诸峰，好一个仙气逼人的风水宝地。穿过弯弯曲曲杂草没膝的山路，隐隐约约看见山顶有一座古寺。茗山寺石刻现今并不向外界开放，文保员是一位年近六旬的老太太，对访客十分警觉，敏锐的目光和犀利的话语堪比"朝阳大妈"。验明正身之后，在交谈中得知她已在空山独自守护多年，令我心生敬佩。

虎头山形似一支大蘑菇，环山古道壁

立，佛像林列。现寺存唐、宋摩崖造像 63 躯，其中单个造像 34 躯，1 至 4 米的造像 50 余躯，其中 5 至 7 米的有 8 尊，皆雕刻于顶峰绝壁，雄伟壮观，艺术精湛，为安岳唐宋摩崖石刻精品中的翘楚。

造像题材主要有毗卢佛、观音、大势至、文殊、毗卢佛与东岳大帝合窟、十二护法神将等。各造像多慈眉善目，神态安详，宝冠装饰，无一雷同；金刚、力士，则多呲牙咧嘴，杀气腾腾。乾隆四十六年碑文云："炼金丹，修舍利，道不离夫仁义。东青牛，西白马，理本原于至诚。所谓自作自受，晓于前而扬于后也。"说明此地当时盛行"三教合一"之风。

首先映入眼帘的是十二护法神龛。窟内刻十二护法神像，高 1.8 米，各像面目狰狞，赤足怒目，神态威严，皆戴盔着甲，手执各种护法神器，表示佛法与智谋之威猛能摧伏一切邪魔之超凡能力。他们守护着此处庄严的佛土，神圣不可侵犯。

接下来是毗卢佛、东岳大帝合龛。龛正中坐像左为东岳大帝，头戴道冠，身穿广袖道袍，倚坐于金刚座上。道教说他是玉皇大帝的孙子，掌管人间生死之神，民间修东岳庙广为供奉。右为毗卢遮那佛，是佛教"法身佛"，华严宗主尊，头戴宝冠，螺髻微露，双手结智拳印，结跏趺坐于莲台之上。两像均高 4 米，座高 1 米，表情睿智肃穆。

转过一个弯，是观音和大势至菩萨坐像龛。窟内二菩萨结跏趺坐于金刚座上，像高 4.5 米，头戴华丽镂空宝冠，身着通肩袈裟，面颊圆润，神态安祥。

紧接其后的是文殊师利菩萨。龛正中造像高 5 米，头高 1.3 米，头戴五佛高冠，右手平置于胸前，左手托经书外伸 1.5 米，经书重达数百公斤，全靠 2.3 米的垂地袈裟支撑，胸前有稀疏璎珞装饰，线条柔和，富于质感，浑厚古朴。窟后壁小圆龛刻有 7 厘米的化佛 8 尊，窟楣上方刻有"现师利法身"五个大字。据《文殊师利涅槃经》称，文殊有大慈心，智慧第一，推为众菩萨之首。作为佛的胁侍菩萨之一，其造像比较普遍，但 5 米以上的文殊尊者却较为罕见。

随之而来的是毗卢遮那佛立像，像高 6.3，头高 1.3 米，头戴化佛高冠，身穿通肩垂地袈裟，目光下视，两手结金刚合掌印于

胸前。以近乎圆雕的形式摩崖刻在绝壁之上。造像比例适度，线条简练流畅。唐武氏以来，各在刻弥勒大佛较多，如此巨大的毗卢遮那佛摩崖造像实为少见。

最后是观音、大势至菩萨站像龛，俗称观音堂。正壁左刻观音菩萨，右刻大势至菩萨站像。全高均在 6.2 米，头高 1.3 米，面部丰满，衣着华丽，雍容华贵。窟内另有释迦牟尼佛、药师佛，十二圆觉菩萨及供养人等圆雕像十余尊，很多头已不存，为清代所刻。

和他处的石刻造像略有不同，茗山寺的菩萨衣着都相对简单，璎珞也并不繁复，只是轻描淡写地从佛衣中偶然露出。而菩萨的宝冠却是无一例外的精美到无以复加的地步，看样子工匠大师把更多心思放到了宝冠之上。

茗山寺石刻佛像依着山势，大有山即是佛，佛即是山的气势，却使人感到没有任何的压迫感，没有佛像俯瞰众生的威严感，这实在是佛像所表现出的恬淡和亲和力所致啊！我仿佛感觉这些精美的石刻造像在沉睡了上千年之后又苏醒过来，闪耀着熠熠光辉，以美轮美奂的姿态与我对话。

这里没有嘈杂和喧嚣，除了风声还是风声，以至于将石刻打磨成了水波的形状。下山途中，虽然看不到对面的石刻，但我却依旧感受到他们的存在。这些紧靠着崖壁的佛像已在这空山之巅的风云际会中伫立了上千年，他们还将继续伫立上千年。突然间，我的心头涌上了"铅华洗尽"这四个字。

西方极乐世界图

　　大足石刻宝顶山公认的石刻至尊之作是圆觉洞，有人甚至将它推崇为北宋石刻艺术的高峰作品。殊不知，大足圆觉洞这个"高峰之作"，其布局、造型皆与安岳华严洞有血缘关系，而且华严洞的造像气势更加磅礴，更加宏伟。

　　安岳县城东南56公里石羊镇有一座箱盖山，这里山高路陡，峰峦起伏，竹木葱茏，美景如画。华严洞就开凿在山巅的悬崖峭壁上，有大小二洞。华严洞开凿于北宋建隆元年（960），大般若洞开凿于南宋嘉熙四年（1240），共有宋代造像159躯，历代碑刻题记24处。

　　华严洞因有坐高五米以上的"华严三圣"而得名。中为毗卢遮那佛，头戴宝冠、身穿袈裟，两颊丰润，两耳下垂，双目半睁，神态庄严，结跏趺坐于铺帛仰莲座上，双手于胸前作内缚印，似乎在与众子讲经说法。两侧文殊、普贤头戴化佛宝冠，身穿通肩袈裟，胸前缀饰璎珞，面目慈祥端庄，分别呈舒相，跣足座于青狮、白象上。文殊左手仰掌平放，右手执玉如意，普贤右手着金刚掌，左手托梵筐，似乎在协助佛祖演释教义。

　　"三圣"头后均有圆形背光，背光外沿

① 毗卢遮那佛立像是茗山寺最高的石刻，像高6.3米，头高1.3米，头戴化佛高冠，身穿通肩垂地袈裟，目光下视，两手结金刚合掌印于胸前。立像比例适度，线条简练流畅，以近乎圆雕的技法与绝壁融为一体。唐武氏以来，石刻弥勒大佛较不多见，如此巨大的毗卢遮那佛摩崖造像实为少见。

② 安岳华严洞是全县造像窟中最大的洞窟，也是两宋时期的中国造像艺术典范。在石羊镇箱盖山悬崖峭壁上，凿有大小两洞，内有宋代造像159躯，历代碑刻题记24处。

如熊熊燃烧的火焰，象征光明永照之义。后壁间隙处刻有"一切唯心造，应观法界性，三世一切佛，若久欲了知"的佛教偈语。正壁两角有两个站像，左像似道教真人打扮，左手持一书函，书面标有"合论"二字。右像为一光头僧人，左手紧握一卷经书，书面有"那略"二字，此两像到底是谁，现无定论。

两侧十大菩萨是华严洞的精品力作，古匠师们着力对面部的细腻刻画，充分表现出了众菩萨外表的俊俏和内心的慈善。右壁起由外向内分别是圆觉、净业障、威德自在、弥勒、普眼菩萨；右侧由外到内为贤善首、普觉、辨音（即观音）、清净慧、金钢藏菩萨。这十尊菩萨身材窈窕，面目清透，头戴宝冠，胸饰璎珞，姿态健美，肌肤丰满细腻，仪表堂堂，服饰轻薄透体，柔和飘逸，线条流畅，如行云流水，每尊都酷似古代绝色佳人，其雕刻艺术达到了令人倾倒的高度。

窟顶为平型，正中阴刻一巨大"唵"字。"唵"佛教术语，即指一切法门。"六字真言"第一个字就是"唵"字。唸"口奄"即是唸佛的效果。"华严三圣"本来就是佛教密宗造像经常出现的题材，故在窟顶部刻此"唵"字。

洞内两侧上壁各排列五组半浮雕造像，统称"善财童子五十三参"经变故事图。出于佛教《大方广佛华严经》的入法界品，全是叙述善财童子参拜五十三位善知识者的故事。善财出身在古印度一个名叫名福城的

① 华严洞洞高 6.2 米，宽 10.1 米，深 11.3 米。正壁坐高 5.2 米的华严三圣像。中坐毗卢遮那佛，左右分别是文殊和普贤。毗卢佛头戴宝冠，身穿袈裟，面颊丰润，两耳下垂，双目半睁，神态严肃，跌坐于莲台上，手作法指，似在讲经说法；两侧文殊、普贤头着饰有化佛的宝冠，身穿通肩袈裟，胸前缀饰璎珞，面目慈祥端庄，分别盘腿安坐于青狮和白象的背上。

② 安岳卧佛院在长约 1 公里的卧佛沟、两侧高约 20 余米的崖壁上，保留着盛唐摩崖造像 1613 躯，石刻经文 15 窟，碑刻、题记、经幢、异兽图像等数十处。其造像区长达 865 米，龛窟 142 个。

贫苦农民家里，因家庭的不幸，以一个孩子的好奇心出发，经文殊师利的指引明白了人生的道路，要发菩提心，造福人间。

善财童子以此为宗旨，不辞千辛万苦，爬高山，飘大海，闯王宫，进民窟，先后参拜了五十三位知识渊博、德高望重的贤者，其中有厨师、设计师、小学教师、航海师、商人、音乐家、医药家、比丘、居士、外道、老人、小孩、男子、女人等各行各业具有专业知识的劳动者，各传授一法门，因此善财童子从思想、道德、艺术上得到诸多法门的智慧，树立起高尚的道德品质和舍己为人的坚定思想，最后拜观音为师，随同菩萨做造福人间、利乐有情的事业。成了观音菩萨的胁侍"闻声救苦"的助手，所以观音左侧常有善财童子的塑像，加上龙女合称观音三圣。

此处仅在"五十三参"中刻了十参，主要表现善财童子拜毗卢佛、文殊师利，拜粥香长者，拜裁剪师，拜观自在菩萨等内容。这十组雕刻题材广泛、人物生动，殿亭辉煌，到处祥云缭绕、瑞气万千，充分展示出一幅幅西方佛国世界的奇美景观。

空谷妙相千年一卧

空谷藏妙相，在距地面五米之高的悬崖峭壁上，全长23米的"释迦牟尼涅槃圣迹图"惊现在我的眼前，释迦牟尼似一位巨人安详地卧躺在半空之中，佛祖双目微睁，嘴角含笑，面容超脱安然，他即将走完自己不平凡的一生。

这一处中国最大且唯一的唐代盛世全身左胁卧"释迦牟尼涅槃圣迹图"石刻造像，位于安岳县城以北25公里八庙乡的卧佛沟。这里山势蜿蜒，湖水滢绕，翠竹掩映，景色幽雅而恬静。长约千米的卧佛沟平面呈"几"字形，在沟谷两侧高约20米的灰砂岩崖壁上，保留着盛唐摩崖造像1613躯，石刻经文15窟，碑刻、题记、经幢、异兽图像等数十处。其造像区长达865米，龛窟142个。

其中最震撼人心的就是这尊构图奇特，立意新颖，雕工精绝，举世无双的卧佛石刻造像了。释迦牟尼背北面南，头东足西，形体修长，身着袈裟，袒胸露肌，头蓄螺髻，耳戴圆形绽花环，头枕扁形荷叶枕，双目微闭，神态安详，透出一种超脱一切的幻想境界。

卧佛周围同时刻有多组造像，释迦牟尼说法图及"天龙八部"等，20余尊菩萨、弟子、鬼王、力士造像，神态各异，栩栩如生，既烘托出他们恭听佛法、护卫佛法的严肃场面，又把释迦牟尼最后解说涅槃经时诸弟子悲泣嚎哭、愁楚凝重的神情表现得淋漓尽致。

在卧佛头顶后方有一尊金刚力士像，只露出了上半身。在卧佛双脚外侧，有一尊金刚力士的全身像。他们袒裸着健美魁梧的身体，双手攥着拳头，横眉怒目，相对而视，以一副神圣不可侵犯的姿态保护着佛祖的尊威。

卧佛身后刻着一组造像，中间是3米多高的释迦牟尼坐像，右手举在胸前的右侧，正在说法。左右两侧共有前后两组人物，前面一层是拱手恭敬站立，高约2米多的阿难、迦叶和其他七位弟子，弟子的左右还分别雕着一尊菩萨的立像，也是一副肃穆的神态。后面一层是"天龙八部"的造像，有的手中高举着法器，个个面目严峻，有的面带悲泣愁苦的表情。

最为奇特的是在卧佛腰间处还刻有一位3米多高的男子，他面向佛祖而坐，痛苦地低着头，右手伸向右侧抚摸着佛祖的左脉，寄托着无限的依恋之情，他就是佛祖最后一次说法的对象，名字叫须跋陀罗。起先并不是一位佛家信徒，是古代印度婆罗门教

的虔诚信仰者，他的毕生精力都是严格按照婆罗门教的法规和行为准则，进行艰苦的修行和不懈的探索。就在释迦牟尼即将涅槃的当天，须跋陀罗有幸地和佛祖相遇了。

据说当时须跋陀罗已有百岁高龄，自以为经验和阅历要远远超过小他几十岁的释迦牟尼。不料与佛祖简短的对话之后，须跋陀罗立刻领悟到了佛法的真谛与奥妙，他深深感到自己的一生虚度了光阴，只有这一天才活得真正有意义。就在须跋陀罗万分惊喜的时刻，又遭遇了佛祖即将涅槃的噩耗，使他陷入了万分的悲痛之中……

须跋陀罗是释迦牟尼一生中所接纳的最后一位弟子，这组以巨大的卧佛为中心的石刻群像，将前后两个不同的时空合理地搭配在了一起，形象地再现了释迦牟尼涅槃时的悲壮场面。

虽然这座大卧佛没有留下开凿铭文，但在第50号龛千佛像下，铭文题记的时间是唐玄宗开元十一年（723），当时普州乐至县

芙蓉乡普从里的佛家弟子杨义，为确保自身的平安，敬造了百身千佛作为供养的内容。这是卧佛院现存的最早纪年文字材料，由此推断出卧佛是唐玄宗开元年间的作品。

类似这样巨大卧佛像在中国境内还有不少，如甘肃张掖大佛寺 34.5 米长卧佛刻于西夏，大足宝顶山 31 米的卧佛刻于南宋，敦煌莫高窟第 148 窟刻有长 15 米涅槃像，北京西山卧佛寺的卧佛是元代用铜铸造而成……为什么要造立这么多的卧佛像呢？因为涅槃是佛教全部修行所要达到的最高理想境界，是对生老病死各种痛苦的彻底断灭。信徒们面对这些涅槃了的卧佛像，就会领悟佛祖一生为解脱众生传教说法的艰难，并且从这位凝聚着佛教大法的非凡人物身上，明白自己人生的意义和方向。

卧佛院至今还保留着几十个尚未竣工的刻经洞窟，有的洞窟壁面有待打磨光滑，还有一些没有完成的造像粗坯。看来，卧佛院的佛教艺术活动可能是因为中晚唐以后的某个突发事件而被迫停顿下来了，并从此走向了衰落。唯有这尊大卧佛安然无恙地静卧到今天，等待众生前来觉悟。

登峰造极的"西方三圣"

登峰造极！是的，就是登峰造极。这是中国著名雕塑家、美学家王朝闻先生对安岳圆觉洞石刻造像作出的评价，赞其上承敦煌、云冈、龙门石窟，下启大足石刻，不愧为

左图　卧佛院石刻造像尤以构图奇特，立意新颖，雕工精绝的"释迦牟尼涅槃图"（卧化佛）闻名于世，为中国最大的唐代全身石刻卧佛造像，是中国唯一一处左胁卧的"涅槃图"，是全国现存最早，最完整的全身卧佛像，堪与乐山大佛——世界第一大弥勒坐佛媲美。

"中国古代石刻又一伟大宝库"。

宋代，整个四川地区的石窟造像艺术发展到一个新的高潮，地方特色与时代风格有了一次完美的融合。虽然在艺术上也传承了唐代的审美风格，但气质上来看更加清丽典雅、内敛温婉，达到中国古典雕塑的典范形式。

安岳圆觉洞现存窟龛 103 个，造像 1933 躯，唐、五代、宋时期作品居多。本以造有十二圆觉像而得名，佛家所谓"圆觉"，即"觉你、觉我、觉他、觉行圆满者"，意为不分你我，人人都可以觉醒成佛。

圆觉洞的声名雀起，是因为景区内有三尊无与伦比的 7 米高"西方三圣"石刻造像。"西方三圣"是西方极乐世界三个地位最高的神，即佛、大势至菩萨和观音组合而成。在中国其他地方的石窟，"西方三圣"皆为合龛为一，唯独圆觉洞却是分龛雕刻，这正是安岳石窟的独特之处。

"好饭不怕晚"。圆觉洞是我安岳石刻之行的最后一站，从早上七点一直等到八点半景区开门，我便径直奔北窟"西方三圣"而去。正中为阿弥陀佛拈花微笑龛。阿弥陀佛满头螺髻，身披袈裟，手着法指，神态威严，大有佛法无边，威德慑众的佛教鼻祖风度。此龛建

于北宋时期，是我国最大的站地侧身佛像。头上有密集的螺髻，身上穿着双领下垂佛衣，左右脚各踏仰莲座，其面带微笑，双目俯视，和蔼可亲，正好与右下方的弟子迦叶对视。

阿弥陀佛造像与其他地区庄严肃穆的神态大不相同，从空间上拉近了人和佛的距离。右手持说法印，左手持与愿印，表现出普度众生的效果。椭圆形的火焰纹样的头光一直连接到洞窟的顶部，头光两旁边有纹样装饰。左右皆刻有飞天，造型独特，裙带飘逸，姿态温婉，生机盎然，给人带来无限美感。整座造像表现出无尽的光明和无量的功德。

左侧为净瓶观音菩萨龛。观音头戴花冠，身披璎珞，左手提净瓶，右手拈柳枝，赤足踏莲花，大有悲天悯人之态。此立像建于南宋。观音头部采用圆雕，带着镂空花冠，中间立有一佛，眉清目秀，耳朵垂于肩，一副慈母的表情，悲天悯人。其身着垂大衣，内着僧祇支，饰满璎珞，左手持净瓶，右手执杨柳枝于肩。净瓶的持法不同于其他地方那样托于胸前，而是用两根手指提着，有着浓郁的地方特色和当时地方工匠独有的幽默。

观音两只脚与释迦佛一样踏在莲花上，

① ② ③

① ② ③ 安岳圆觉洞以造有十二圆觉而得名。佛家所谓"圆觉"，即"觉你、觉我、觉他、觉行圆满者"，意思是不分你我，人人都可以觉醒成佛。现存窟龛103个，造像1933躯，唐、五代、宋时期作品居多，尤以释迦、净瓶观音、莲花手观音三尊6米多高的大像最为壮观。在其他地方，西方三圣是合龛为一，而这里却是分龛雕刻，这是安岳石窟的独特之处。

整个造像亭亭玉立，他以净瓶里的甘露拯救苦难的众生，广受信众崇拜。石窟左右两壁上同样刻有飞天，穿着短袖彩裙，被云朵托起，双手捧着供物，裙带飞扬。

右侧为莲花手大势至菩萨龛。菩萨面容慈祥，神态自如，大有慧光普照一切之感。此龛建于北宋，微微向左侧身，头上带有镂空高冠，冠中有一小坐佛，面现笑意，十分慈祥，广额圆颐，神情十分自如地注视着下方的龙女。身穿宝缯，上面装饰着繁华璎珞，右手执一莲苞，左手抚于右手背上。

造像虽刻于北宋时期，但依然保留了唐代的风格，整个体态雍容华贵，面部圆润丰满，其中最为巧妙之处是手持的莲花苞，它虽

有百斤重，却依然千年不坠，充分利用了科学的原理让花蕾看似镂空，却又依附于观音身穿的袈裟之上，可见当时匠人的技艺精湛。

关于三窟造像镌造的时间，右窟《普州真相院石观音记》碑有明确记载：从北宋元符二年（1099）至大观元年（1107）告毕，历经八年。中窟及左窟造像没有留下造像镌记。仅保存南宋重妆年代，但两窟下限时间应都不晚于南宋，这两窟造像与右窟相比，不论从造像风格，技艺手法，龛窟形制以及佛、菩萨的服饰、璎珞、莲座、身光、头光等都很相似。由此可知中窟及左窟凿造时间在右窟镌造前后年代，或出于同一工匠之手，或为同一个时代的作品。

圆觉洞"西方三圣"形神兼备，气韵生动，净瓶观音菩萨的悠然自在，阿弥陀佛的慈爱众生，莲花手大势至菩萨的温婉含蓄，都营造出石窟中的佛韵，打破了中国早期石窟造像中佛、菩萨一律端庄、严肃、正襟危坐的造像仪轨，让他们走出了虚幻的殿堂，佛和菩萨皆世俗化、人性化，把石刻艺术推向了新的顶峰，达到了登峰造极的艺术效果。

整个石窟所营造的端庄、温和、睿智而又富于同情的佛家氛围以及整座造像所传达的一种宁静致远的心境，正是中华民族传统对美好世界的象征与追求，这是中国雕塑艺术的成熟与发展不可或缺的精彩一笔。真可谓石刻上的凝眸，阅尽人间千年。

中国梁板桥巅峰，建筑与石雕艺术的天合之作

龙跃百花洲

四川省泸州市泸县·丝绸之路

正如人类的交互需要桥梁的沟通，文明的长河也需要载体的传承。如果非要从中国赫赫有名的古代桥梁中遴选出一座建筑的科学性与形体的艺术性达到臻真完美的集大成者，我首推龙脑桥。

烜赫一时的龙桥之乡

炎炎夏日，烁玉流金，火伞高张。四川泸县城北大田乡九曲河上轻雾弥漫，一轮淡淡的初阳透过薄雾铺洒在蜿蜒曲折的河面上，鳞光闪闪，流光溢彩。龙脑桥就这样在不经意间与我相遇，静静地仰卧在两岸绿竹依依的百花洲一湾碧水之上。

泸县古称江阳，境内溪流河汉密布，素为川南鱼米之乡。与江南水乡一样，明清时期泸县古桥密集，皆雕石龙，就像一颗颗璀璨闪耀的明珠点缀在广袤的乡野之间。据当地文献记载，泸县龙桥最辉煌的岁月各色龙桥多达429座，"龙桥之乡"并非浪得虚名。时光荏苒，沧海桑田，直到今天，仍存有一百四十余座龙桥横跨在泸县溪流河道之上，如同历史古老的经脉，串联起这片热土的前世今生。

中国现存的古代桥梁中不乏精品力作，悬索桥、石拱桥、梁板桥是三种主要形式。泸定桥是悬索桥中的翘楚，而赵州桥和卢沟桥则是石拱桥中的扛鼎之作，梁板桥则数龙脑桥为中国第一。

为什么说龙脑桥是中国梁板桥中的佼佼者呢？因为龙脑桥摆脱了中国梁板桥建筑历史上单纯注重通行功能单调枯乏的状况，赋予了更为丰富和深刻的时代内涵和民族文化特性，是中国桥梁建筑史上一个划时代的建筑作品，开启了梁板桥艺术化建筑风格的先河，而且一开始就达到了巅峰的水平。

龙脑桥所处的位置是川南地区古代泸州至隆昌古驿道的必经之地，丝绸之路上的佛教石窟艺术对其影响深远。在方圆百里间，石雕艺术的历史源远流长，如雷贯耳的艺术珍品如汉代的雅安高颐阙、唐代的乐山大佛与荣县大佛、唐宋的安岳石刻、南宋的大足石刻、泸州的宋墓雕塑等。同时，龙信仰龙图腾在四川这片土地上更是积厚流光。因此，泸县横空出世以龙桥为代表的民间石雕作品顺理成章。

匠心独运的"大明风度"

关于龙脑桥确切的修建年代并无可靠文字记载，更多的信息表明约始建于明代洪武年间。原桥东的山坡上建有龙脑寺，始于明洪武十一年（1378），如今寺庙已毁，但庙基尚存，估计龙脑桥于此为同时代的遗存。乾隆四十三年（1778），乾隆帝曾下旨："钦命永宁道泸州城北九曲河龙脑桥予以保护。"屈指算来，龙脑桥距今已有600多年的历史。

龙脑桥建造工程十分浩大，但造型设计却颇有"大明风度"，既大刀阔斧、简洁实用，又不拖泥带水、华而不实。在古桥林立的江南水乡，为通航便利的原因，桥梁多

① ②

① 600多年的岁月没有磨灭龙脑桥雕刻的精美细腻。龙头高昂怒吼的一刹那，从鼻尖到额头的每一处褶皱，突出的眼珠和龙角龙耳，无不生动而饱满和线条优美流畅。甚至脑后的鬃毛，都可以一根根细数。

② 泸县是中国"龙桥之乡"，在泸县县域内有数百座明清时期的古龙桥，是中国乃至世界最大的龙桥群。龙脑桥是中国最大的龙雕石梁板桥，中国古建桥梁专家评价龙脑桥是一座可以和卢沟桥和赵州桥相媲美的古代桥梁。

采用拱桥为主，即使是平梁桥也大多高出水面。而泸县的许多龙桥全为平梁而且大多紧贴水面而建。这与当地的环境气候有关，川南地区多属平缓的丘陵地带，河流多为季节河，夏涨冬枯，水浅沙多，河流缺乏航运价值，百姓出行大多选择陆路或鸡公车。

因此，龙脑桥在桥梁设计上放弃了拱桥而采用简洁实用的平梁桥，在山清水秀的丘陵地区显得既低调又和谐，实乃因地制宜的明智之举。川南夏季洪水来势凶猛，极易冲垮桥梁，低矮的平梁桥不设栏杆，便于洪水从桥面漫过，在减少洪水阻力的同时也达到了护桥目的。

省料省工和结实耐用也是龙脑桥设计的一大亮点。石桥选取当地坚固的青砂岩，没有采用榫卯结构，就靠桥体自身重量及相互垒砌承托，各构件间的结合面被凿刻出许多粗糙纹路，以增强构件之间的摩擦力防止滑动，从而确保桥体坚韧牢固不被洪流撼动。当洪水淹没桥板时，急流之中的瑞兽

往往只露出头尾。龙口和麒麟口中的石珠在洪流的疾速冲击下来回翻滚的同时会发出咕噜噜的响动，下游十里乡民皆闻其声，知道上游洪水倾泄而下，以便提前做好应对之策。

建筑与艺术的天合之作

龙脑桥最出彩的是集建筑与石雕艺术于一身，古代的能工巧匠在桥礅上做足了文章。龙脑桥为东西走向，东西两面各3座桥墩，均为素面无雕刻，中部跨河水面的8座桥墩首部（朝向上游一端），分别雕刻古代民间传说的吉祥走兽，有四条龙，两个麒麟，一只青狮和一只白象，给人一种悦目自然、气宇轩昂之感。这样的构思创作与排列布局极为罕见。

龙脑桥上石雕的工艺和技巧娴熟精致，艺术品位极高。继承和发扬了秦汉唐宋的石刻工艺传统，夸张与写实相兼，简洁整一，不枝不蔓。采用的圆雕技法使整座石桥上的石雕作品浑厚刚毅，精巧规整，比例匀称，造型生动。

古代工匠们在整体与细部的加工处理上精耕细作，一丝不苟。中间四个桥墩上各雕一条巨龙，龙头上的眼、耳、口、鼻、眉、髯、角，龙身上的甲、翅和流云，线条明快，清晰流畅，看上去栩栩如生，使冰冷的石头仿佛有了灵性。在龙的口内有一颗重30多公斤的"宝珠"，运用镂空雕刻技术整体凿雕而成，滚动自如，但又不能取出，妙趣横

① 令人惊诧的是，龙脑桥雕刻的四条巨龙，没有一条是完全相同的，即便是龙耳、龙须、龙鳞甚至龙身上的云朵，均各有变化，奇妙无比。

② 龙脑桥桥长 54 米，12 个桥墩 13 个孔，中间八个桥墩分别雕刻了麒麟、青师、四条龙、白象四种瑞兽，"麒麟两岸守护，大象河边畅饮，青狮桥上怒吼，龙王携龙遨游"，景象甚为壮观。厚重的历史与雕刻的艺术性、结构的科学性完美结合，全国罕见。

生。而龙王和龙后的石雕处理也有区别，龙王头顶的"王"字是凸出的阳刻，而龙后是凹陷的阴刻。

外侧两只麒麟雄姿勃勃，口衔绶带，张口怒目，两只火焰纹腿匍匐墩上。两条牛蹄形脚一只踏兵书，一只踏宝剑，气势昂然。大象和青狮的处理也颇具匠心，厚重沉稳，轮廓简练。尤其是大象看上去大耳下垂，象鼻卷曲，长牙翘伸，给人以神态自然、宁静端庄之感。

① 龙脑桥是中国最大的龙雕石梁板桥，共有石梁板30块，每块长3.70米、宽0.95米、厚0.60米，每段由两块并列安置在桥墩槽口内，使桥面平整，石梁不左右滑动，增加其稳定性能。平桥的所有构件不用榫卯衔接，都是利用石块自身重量垒砌，每块石条重约6.8吨，四层石条的自重量就有27.2吨，再加上石梁石板的重量，桥身每单元自己重量已超过30吨。

② 龙脑桥位于泸县县城北郊九曲河上，为泸州至隆昌的古驿道所经之地，修建于明代早期的洪武年间，距今有600多年的历史，乾隆四十三年，"钦命永宁道泸州城北九十华里九曲河龙脑桥加以保护"。直到现在，龙脑桥还完好如初，为当地乡民提供过河便利。

划一条小舟在河中观望，只见石桥上龙、狮、象、麒麟上侧露头，下侧现尾，张牙伏爪，依次排列，气势磅礴，呈现出"麒麟两岸守护，大象河边畅饮，青狮桥上怒吼，龙王携龙遨游"的奇观。

我不由为四川先民的创新能力和务实精神所折服。四川人主要由本土四川人和各地移民构成。简而言之，四川人就是全国各

地移民的后裔。因为移民的流进流出，中原文化、南粤文化、吴越文化、楚文化等与形成于先秦的巴蜀文化发生持久而激烈的碰撞，其碰撞的过程也是融合互鉴的过程，其结果是催生了一种有别于原有古蜀文化的新文化的诞生。

　　僻居内陆腹地的四川人，比起得风气之先的沿海人，似乎难有开风气之先的壮举。

但是，在中国历史上，四川人开拓进取、"敢为天下先"的范例不胜枚举，龙脑桥就是最好的例证。它是古代中国桥梁建筑从简单实用走向艺术浮华，但又不脱离实用价值的开山杰作，发展和丰富了中国的桥梁文化。龙脑桥具有一种标志性和符号意义，其价值并不在桥梁本身，而在古桥中所蕴涵的中华民族传统文化的精髓。

中华文化南传的一座重要桥梁

003

坊刻的"广陵绝响"

福建省龙岩市连城县·海上丝路

一般认为，丝绸、瓷器、茶叶是海上丝绸之路的三种大宗商品，其实还有第四个大种商品，那就是雕版印刷。地处"客家祖地"福建连城县境内的四堡镇是中国明清时期的四大雕版印刷中心之一，这里的雕版印刷业鼎盛于清乾嘉时期，刊印的书曾行销江南，还通过海上丝绸之路远销至越南、泰国、印尼、马来西亚等东南亚地区，成为中华文化南传的一座重要桥梁。

印坊栉比，户户书香

司南、造纸术、印刷术和火药是中华民族为推进世界文明做出杰出贡献的"四大发明"。尤其是印刷术，由唐至清，遥遥领先于世界，它沿着千年陆海丝绸之路远播亚欧非

① ②

① 连城建县至辛亥革命为止，经过科举考试取得功名者，有进士29人，举人263人。这些都为四堡坊刻的崛起和发展，提供了优厚的文化环境和技术准备。

② 四堡坊刻的崛起和发展，与其特殊的地理和人文历史因素密切相关。四堡又是历史上有名的文化之乡，文人才子辈出。宋时，连城书院达167个，明清时私塾几乎遍及各乡、村，人口较多的大乡村有十几所，偏僻村落也有一至两所。发达、开明的教育，培育了大批的人才。

各国。明清时期，四堡与北京、武汉、江西许湾并称为中国四大雕版印刷基地，雕版印刷称为"建版"，尤为难能可贵的是，四堡雕版印刷业纯属民营性质。四堡，就是中国唯一活态化的古代雕版印刷见证，也是中国古代文明领先世界的实证。

四堡是一座偏僻的山区古镇，位于福建

西部连城县的最北端，地处连城、长汀、清流和宁化四县交界，自古为南来北往的交通要塞。明清时期，在雾阁设驿站，现叫"公馆"。然而，就在这个穷乡僻壤曾经却以兴盛的雕版印刷业远近闻名，成为明清时期与北京、扬州、杭州齐名的四大雕版印刷基地，其所印书籍"行销江南，远播海外"。那时候的读书人如果不知道四堡，那是会被人笑话的。

当时雾阁、马屋两村有六成以上的民众长年从事印刷业，据资料记载，当时四堡有书场商号44宗，印刷出版书的数量多达两百余部，四堡的雕版印刷在我国文化史上书写了光辉的一页。

四堡印刷业的始创，可追溯到明朝嘉靖三十年至万历八年（1551—1580），在浙江杭州任仓大使的邹学圣（字清泉，1523—1598）辞官归里时把苏杭的元宵灯艺和印刷术（含部分雕版）带回故乡。从此"镌经史以利后人"的印刷业便在四堡雾阁播下了第一颗种子。

邹学圣的后人在"身游庠序"考取功名后，继承了先祖的事业，更"广置书田"进一步扩大了印刷事业。他们"走东粤，游武林"四处售书，而"殷富冠都邑"。四堡人步其后尘，镌经刊史，售书各地的人越来越多，到了乾嘉时期发展到了鼎盛阶段。

古镇四堡雕版印刷业有南宋末年、明朝成化年间（1465—1487）、明朝万历八年（1580）三种起源说。何说为准，尚待考证，但足已说明它的源远流长。经历数百年发展，在乾隆、嘉庆、道光三代进入鼎盛时期。印坊栉比，书楼林立，世代相传大书屋至少百家，中小书坊星罗棋布。当年四堡印书坊基本属于家庭作坊，一栋书坊就是一个功能齐全的"生产车间"，有雕版、印刷的房间，存放工具和书籍的仓库，还有供往来书商居住的"客栈"。当地书商达数百之多，有定点经销，有流动贩卖。外地书商也络绎不绝前来批售，使古镇四堡刊印书籍"垄断江南、行销全国、远播海外"。

据《连城风物志》载：在这弹丸之地，

"印坊栉比，刻凿横飞，从事印书业的男女老少不下1200人，约占总人口数的60%"，分布在雾阁和马屋二村世代相传的大书坊至少有100家，充作书坊的房屋更是星罗棋布不下300间，各书坊"广镌古今遗编，布诸海内，锱铢所积，饶若素封"，真是家家无闲人、户户有书香。

四堡印刷业之所以能够稳步发展而成为全国印刷业重点基地之一，原因有四：一是清初康乾时代，百姓崇文好学，整理编纂了大量古籍，为四堡印刷业提供了有源之水；二是四堡地域宽广，物产丰富，印刷所需的基本原材料，如纸张、墨烟、梨、枣等木材，境内均有出产，为雕版印刷业的发展奠定了物质基础；三是许多落第文人入此行业，不仅提供了充裕的人力，也为提高产品质量、扩大销量、赢得知识界信誉，起到了推动作用；四是当地华侨源源不断回流故

乡，汇集和扩大了再生产的资金来源，大大刺激了四堡印刷业的高速发展。

镌经史以利后人

穿行古镇雾阁村，一幢幢久经风雨剥蚀的风火屋门楼矗立，飞檐翘角，书香飘溢，那就是古书坊。现仅雾阁一村尚有称为"印房里"的遗址百余处，主要由雾阁、马屋两组建筑群组成，现存林兰堂、翰宝楼、碧清堂、文海阁等八十余座，是中国现存最完整的古代雕版印刷遗存。四堡印书坊基本属家庭作坊，多由家族世代经营，而呈现家族性与民营性的显著特征。

走进飞檐翘角的林兰堂，这栋曾被村民当做柴火间、杂物间的古书坊已被修缮一新。林兰堂内虽已不见满屋的雕版、书籍，但院落里摆放的墨缸内清晰可见的黑色墨痕，还能让人遥想当年飘逸的墨香、书香、文明之香。

雾阁村邹氏和马屋村马氏，是经营四堡雕版印刷业的两大家族。邹氏族语载："吾乡在乾隆时，书业甚盛，致富者累相望"，各

① 四堡坊刻的主要作品，从族谱、账册及现存书板中统计，有文献记载的近五百种，其中有《四书集注》等儒家经典105种；有《千金翼方》等医药类58种；有《人家日用》《弟子规》等日常实用65种；有《楚辞》《文心雕龙》等文学80种；有历代文人诗文、宋词、元曲、小说等51种；有地理堪舆占卜星算等42种；有启蒙读物41种，可谓种类繁多，应有尽有。

② 四堡玉沙桥与部分坊刻遗址毗邻，是连城县现存较完整的四座古廊桥之一，坐落在马屋村尾的水口林边，始建于清康熙二十三年（1684年），距今已有319年历史。相传当年因花溪河底沙石晶莹闪烁如玉石，故名玉沙桥。

书坊"广镌古今遗编，布诸海内，锱铢所积，饶若素封"。子仁屋是一座明清住宅和书坊合二为一的典型建筑，由天宝堂、务本堂、翰宝楼组成，始建于 1809 年，由邹姓三兄弟建造，占地十亩，九厅十八井，有 140 多间房。上、中、下厅是公共活动场所，侧厅和第一披厢房为住宅和生活区，第二披厢房及大门前侧房为印书坊，后院为仓库和杂物房。刊印书籍销往赣、粤、浙、桂、苏等地。

四堡印刷业经历了明万历至清康熙一百五十多年的创始和发展后，进入乾隆、嘉庆和道光三代一百一十多年的鼎盛时期。印刷业遍及雾阁与马屋两大村庄，尤以雾阁为甚。这些书坊均是一个个小家族祖辈相传的家庭作坊，他们三、四、五代人同居共爨，男女老少分工周密，汇成一股强大的力量，投入到各个工序的紧张生产之中。从版面设计、底本考据、书写成形、校对详核、刨制胚版、雕刻印版到裁纸、调墨、印刷、折页、分册、装订、榨书、切光、缃绢封脊、订线、贴

图为福建中部山区遗存的安良古堡。四堡雾阁、马屋四周盛产枣木、梓木、梨木和小叶樟，雕印所需的纸张和烟墨可以就近取材，为四堡坊刻创造了物质条件。

证的有启蒙读物、经史子集、诗词小说、医学等九大类，数百种，囊括历代经典之作和民间实用畅销书籍。刊版的农村幼儿启蒙读物有《人家日用》《三字经》《弟子规》《增广贤文》《幼学故事琼林》《千家诗》《唐诗三百首》和《四书集注》等。还有中华传统文化的一些精典扛鼎之作，如《康熙字典》《说文解字》《佩文韵府》《楚辞》、十三经、二十四史、诸子百家，以及王、杨、卢、骆、鲍、谢、李、杜、元、白、韩、柳、欧、苏等历代名家诗、文集以及宋词、元曲、明清小说。历代文学评论、医药、历法，乃至巫卜星相、堪舆诸书也均有刊本。

堪称出版史上罕见的珍本比比皆是。《三国演义》与《水浒传》同载一本书上，每页上半页刊《三国演义》，下半页刊《水浒传》，这在世界印刷史上可谓绝无仅有的；《梁山伯与祝英台》上部为图画，下部是叙述文字，图文并茂，别出心裁，与现代印刷的连环画如出一辙；有些历代禁书如《绣像金瓶梅》，据传也在四堡刊印过，时间当在清代乾隆前后。《金瓶梅》一书，历代均把它列为"诲淫"的秽书加以禁锢，既禁止看，更禁止刊印发行。因此，要在京、津、苏、杭等地刊印《绣像金瓶梅》绝非易事，只有在四堡这个远离政治中心的僻远山区印刷地

签、包装、打捆等二十多道工序到最后发运、布点联络等，均有专人负责。

四堡书版的来源，除一部分从外地购进或在别处请人镂版外，大部分在当地刊刻。有的书坊主人自己就是刊刻专家。所以新书定稿一成，即能付梓。随着时间的推移，种类丰富，琳琅满目，包罗万象。

各家书坊以家族为纽带，以家庭为单位，选定蓝本、誊写书样、雕刻、印刷、装订、运售……四堡所印书籍种类繁多，已查

刊行，才有较大的可能性。

"网如叶脉"行销全国

在雕版印刷大产业的支撑下，四堡书商络绎，逐步形成了连城当地一个产业链相对完善的主导产业——从造纸、墨汁制造等原料供应，到选题策划、反文誊写、雕版、印刷、裁切、装订的生产过程，直至物流、销售等一条龙服务。

由于四堡印刷出来的书籍纸张质地优良，字号运用灵活，字体齐整美观，装帧精致大方，讹错甚少。不仅纸张质地好，装帧考究，字形秀丽清晰，而且书页天头高大，便于读者批注。至于版本问题，经、史、子、集诸书均属善本。尽管价格昂贵，销路依然

很广，很受各地欢迎，有"垄断江南、行销全国"之说，许多书还通过海上丝绸之路远销至越南、泰国、印尼、马来西亚等东南亚地区，成为中华文化南传的一座重要桥梁。

四堡的书籍，除外地客商直接前来采购外，自己经年累月连续不断地往外发运。其发行路线有三：北线、西线和南线。北线经清流入沙溪下闽江，或由宁化到建宁、泰宁进入江西丰城、临川、南昌、樟树、九江等地，再沿长江向上游进发到武汉、长沙和四川重庆、成都；下游抵安庆、芜湖、南京、镇江、无锡、苏州和杭州。

西线至长汀后，也分水、陆两路。一路乘舟沿汀江南下入上杭、梅州、潮州、汕头，经海运入珠江，进广州，散入粤西南各地。或沿珠江而上溯至广西梧州、贵县、灵山、横

县、南宁、桂林、柳州、百色直抵贵州、云南各地，入越南北方诸县城。一路由长汀陆路向西入赣南和湘南诸城镇。

南线至连城后，分东、南两路。东路入永安经沙溪向南平、崇安、浦城、建阳、建瓯各地进发，或沿闽江而下至福州，转海上赴温州及浙东南各县，伸而入杭、嘉、湖，散于全浙。南路经朋口河入韩江至广东，或陆路向龙岩、漳州、厦门、泉州等地伸展。

总之，从四堡向北、向西、向南三线出发后，再分水、陆各支线往四周扩散、步步延伸，如网状叶脉一般，分散到长江以南各省。因为各地都散布有四堡书商，为了互相沟通讯息或调剂货源余缺，彼此经常往来，所以这三条主线相互交错进行，或进入水路后汇合而行，这也是常有的事。由于线路长，人、畜力运输的运量小，所以终年都有大批人力奔波在这三大线上，像血液周流人体全身一样，永不停息。

四堡刻书终成"广陵绝响"

"版权"这个现代的时髦词汇，在当时早已有它原始的萌芽。在四堡雕版印刷展览馆内，一块块乌黑斑驳的木刻印板层层叠叠，摆放在橱窗里。"藏板所有，翻刻必究""本斋藏板，翻刻必究"的字样刻在印板上，清晰可见。

"藏板所有"的族规，是经营四堡雕版印刷业的邹氏、马氏两大家族制定，用以解决家族间作坊间因争印畅销图书、争雕版而

① 四堡坊刻，纸张质地好，装帧考究，精致大方；字体多为宋体，笔划齐整，字形清秀；校核精细，讹错甚少。而且书页天头高，便于读者批注。因而信誉极高，销量极大，"垄断江南，行销全国"。

② 图为长汀古城墙下休闲的市民。四堡刻书行销线路四通八达，通过"北线、南线和西线"三条路线，覆盖了当时江南五十多个城市。当时长汀以南各省都有四堡的书肆（书店）存在。故有四堡刻书"刷就发贩几半天下"的鼎盛时期。

引起的纠纷，明晰版权，保护版权。族规也对开刻新板有许多限制：一般不许开刻已有的书板；各书坊间租借书板印书时，一切按原样进行，不得另立标记，如有违反由族长出面干预。因此，当年雕版价值极高，不仅因为雕版制作并非易事，更重要的是拥有雕版就意味着拥有金钱与财富。

邹、马两大家族还制定了一项"岁一刷新"的族规。来年正月之前，各书坊须将明年出版销售的所有图书品种全部刷印出清样，贴在各自书坊门墙上，以便正月初一各家各户互相串门之际能了解各书坊的出版刊印情况。如遇图书品种重复，那么族长或有权威的长者就出面调节，避免重复。

由于受到新印刷技术的冲击，四堡雕版印刷业从咸丰、同治时代开始一步步地趋向衰落，最后被新的生产方式彻底打垮，于20世纪初逐渐地衰败。这些曾经为传播中国灿烂文化的雕版和古籍，终于风光不再。

1942年，四堡刻书终成"广陵绝响"，结束了四大雕版印刷基地之一的辉煌。如今的四堡雕版，更多的是为了保护与传承。这里保存着数十座最完整的书坊建筑，也是目前世界上唯一幸存的古代雕版印刷基地，出版界屈指可数的全国重点文物保护单位之一，它

为我国的印刷业发展史写下了辉煌的一页。

花溪独存玉沙桥

徜徉在马屋村的大街小巷，昔日书坊之乡已随岁月远去，只有当年马屋村盛兴之时修建的玉沙桥，还依稀透出几许当年的辉煌。

流经连城四堡马屋村前的溪流有一个美丽动听的名字，叫花溪，相传昔日花溪河底的卵石晶莹剔透，美若宝玉。清朝康熙二十三年（1684），马屋村人采用花溪沙石在溪上建桥，便称"玉沙桥"，桥长30米，宽5米，高约10米。

一说起廊桥，很多朋友首推的自然是浙江庆元和泰顺，以及福建的屏南和寿宁、周宁。其实，在福建的许多山区都可以看到古廊桥的踪迹。

这座桥始建于清康熙年间，经历了3个世纪的风风雨雨。建造木拱廊桥，最好的材料是油杉，它具有很好的防腐功能。另外，为了保护梁柱不受风雨侵蚀，要在桥上建廊屋，桥身两侧安装风雨板，再用生油桐上漆，直至完成。

桥面是大小如一的鹅卵石，两旁栅以栏杆，首尾中间均有小阁，桥头匾书"朗朗上行"，桥尾匾书"活活回映"，桥中匾书"玉沙桥"。

桥基为岩石鳌墩，架有枕木为斗拱式托住桥身，这与其他廊桥的桥基结构略有不同。桥两端两株古樟参天，高低错落，精致美观，景致清幽，像一位慈祥的母亲，呵护着怀下的古廊桥。漫步在岸边，往日浓墨书香的历史烟尘仿佛都收聚在那一处处桥身之中，让今天到此寻访的人们沉思。

左图　　　玉沙桥是四堡的文化地标。全长30米，宽5米，高10米，桥面砌以大小如一的鹅卵石，两旁建有木栏杆和木桥，四周张有雨篷，上为瓦屋式建筑，廊分九楹，首尾中间均有小阁，高低错落，结构优美。桥墩以大理石条砌成鳌头模样，用圆枕木纵横铺七层成桥基。整体建筑为廊式瓦屋风雨桥。

中华民族家国情怀和包容开放的象征

004

涂门街的胸怀

福建省泉州市 · 海上丝路

在中国，有一座城市在一千年以前就做到了放眼世界，那就是泉州；在中国，有一条街在一千年以前就体现了多元文化的开放与包容，那就是涂门街。

凭海而立、因海而兴，作为宋元时期"海上丝绸之路"的起点和世界大港，泉州扮演着极其重要的角色。海洋赋予这座城市兼容并蓄、活力四射的蓝色基因。多元文化的交融互汇，海上丝路的商贸兴盛，将泉州与世界紧紧联系在一起，在浩瀚历史长河中留下了独特的印记。

行走在泉州涂门街上，一不留神就会跟历史撞个满怀。涂门街地处泉州市区中心地带，东起温陵路，西至中山路，东西全长1005米，却分布着十余处宋元时期的海丝文化遗存——开元寺、清净寺、孔子文庙、通淮关岳庙、东观西台、祖闾苏、世家大厝、棋盘园、东鲁巷、三十二间巷等。徜徉其间，好似阅历千年，感受历史的脉动滚滚而来。

开元寺：见证包容开放的气度

行走在涂门街上，一抬眼就可以看见开元寺高高耸立的两座泉州标志性建筑——中国迄今现存最古最高的东西石塔。这两座饱含千年沧桑的古建筑犹如两位历史老人，目睹了泉州海上丝绸之路的辉煌与荣耀，也昭示了当时泉州作为对外窗口海纳百川、包容开放的胸怀和气度。

一走进这座唐代古刹，只见莲宫梵宇，焕彩鎏金，刺桐掩映，古榕垂荫，景致之美不可言状。开元寺是中国东南沿海重要的文物古迹，也是福建省内规模最大的佛教寺院，始创于唐初垂拱二年（686），初名莲花道场，开元二十六年（738）更名开元寺。

在宋元两代，由于海上丝绸之路的繁盛，开元寺所处的泉州作为重要的港口城市而盛极一时，不仅为泉州带来了经济繁荣，也为泉州的文化与宗教营造出多元化、国际化的胜景。

泉州开元寺正是体现这种多元宗教文化因素并存的集大成者，促进了佛教密宗的传播，全面地反映了佛教通过海上丝绸之路在中国传播的历程，见证了海上丝绸之路带来的多元文化和平相处交融互鉴的局面，对东亚、东南亚佛教文化发展产生了重要影响。

作为南国泉州佛教丛林之冠，开元寺内不仅有众多经典的佛教佛像和建筑，还有许多异域神祇形象和海外宗教建筑元素使人

疑窦丛生：为什么它们会出现在传统的中国佛教建筑群中？其中到底隐藏着多少鲜为人知的秘密呢？

在开元寺保存完好的众多佛像中，有一尊印度风格的男性观世音菩萨显得格外与众不同。其双腿交叉盘坐，头戴华冠，冠中刻有阿弥陀佛像，面带柳曲胡须，身着印度式袈裟，胸佩法轮，身戴璎珞（即现今佛教的念珠），故称为"璎珞观音"。据说这位璎珞菩萨雕刻于北宋至和年间（1054—1056），"她"是伴随着海上丝绸之路的船队从海外船运至泉州的。

大雄宝殿（即紫云大殿）前方露台须弥座上的狮身人面像，传递着古老而神秘的气息。这种雕塑题材可以追溯到古埃及，后经波斯传至印度，并最终伴随着印度教传入中

①
②

① 大雄宝殿又称紫云大殿，是开元寺主体建筑，始建于唐朝垂拱二年（686），先后几次经过唐、南宋、元、明受灾与重建，现存建筑物是明代崇祯十年（1637）遗物。大殿号称"百柱殿"，有斗拱共76朵，斗拱上雕有精美的"飞天乐伎"24尊，集佛教妙音鸟、基督教天使和中国飞天造型于一身。殿前月台须弥座的72幅狮身人面青石浮雕，殿后廊的两根古婆罗门教青石柱，同为明代修殿时从已毁的元代古印度教寺移来。

② 开元寺东西两侧各有一塔，与大雄宝殿成"品"字形布局，两塔均为仿木构八角五层楼阁式石塔。东为"镇国塔"，始建于唐咸通六年（865），西为"仁寿塔"，始建于五代梁贞明二年（916）。开元寺双塔是中国最高的一对石塔，经明万历年间泉州八级地震以及多次台风的考验，仍屹立不倒。双塔塔身布满精美浮雕。

国。它们和印度风格的石柱本来都是元代婆罗门教寺内的石雕。在明初的排外风潮中，异教寺庙几乎都化作了残垣断壁，但这些石雕艺术品却逃过浩劫，机缘巧合地被保存在了开元寺内，得以流传至今。

位于大雄宝殿的飞天斗拱，其横梁之上。神女身间不见飘逸的缠带，皮肤略显黝黑，背生双翼。这些飞天的形象源自印度教中的妙音鸟。虽源于异域，却也在寺中被赋予了浓重的中国色彩。大殿中的飞天共有二十四尊，象征中国的二十四节气。其中十二尊翼如大鹏鸟，取大鹏负日之意，象征白昼，手持文房四宝；另外十二尊翼如蝙蝠，象征黑夜，手持泉州古老的南音乐器。

大雄宝殿又名百柱殿，大殿四周近百个中国式石柱上浮雕着印度史诗《摩诃婆罗多》和《罗摩衍那》中记述的神话传说。甘尼巴与基斯那角力等传说，都被细腻刻画，栩栩如生。

还有用于藏经和保存舍利子的印度阿育王塔，塔身的雕刻题材也多取自印度教传说，其风格与汉传佛教有着明显区别。深目高鼻的天竺高僧，獠牙怒目的阿修罗，全部出自古泉州的当地匠人之手。

历史曾选择泉州，刺桐古港架起了东西方文明交融互鉴的桥梁，铺开"梯航万国"的辉煌长卷。离别之时，我仰望着塔身布满精美石雕的东西石塔，岁月沧桑，这双宝塔历经地震、台风、战火的考验仍屹立不倒，这难道不就是泉州精神的象征吗？

清净寺：遥远的阿拉伯记忆

当来到呈现尖拱阿拉伯建筑风格的清净寺时，仿佛时间瞬间凝固，把我带到遥远的阿拉伯世界。

虽然这座宣礼塔目前仅剩塔址，但仍能想象当年塔形如柱、高耸奇伟的气势。当年

清净寺的这座塔可与广州怀圣寺光塔媲美："一柱干云，并紫帽峰而作对，七级凌日，参开元塔以为三。"

一千多年前，当时的穆斯林宣礼员登上塔顶，一呼百应。夜间塔顶举火，为来往的商舶导航，方圆百里，一目了然。或值春秋，数万阿拉伯商人沿着海上丝绸之路，满载着香料、药物和各种奇珍异宝，不远万里来到泉州；或临秋冬，他们又从泉州把中国盛产的丝绸、瓷器、茶叶等商品运往西方。

如火如荼的丝路贸易，不仅使泉州港成为宋元时期与亚历山大港齐名的港口，更使泉州成为伊斯兰教传入中国最早的地区之一。当时阿拉伯穆斯林齐聚寺内沐浴更衣，登塔眺望，诵读《古兰经》，祈求并赞感万能的安拉赐福穆斯林船队一路平安。

伊斯兰教传入中国的主要途径就是海上丝绸之路和陆上丝绸之路。唐宋时期，东西方航海贸易关系密切，泉州作为中国唐宋元三代著名大海港，宋元时期更为海上丝绸之路的高峰期，泉州是当时的第一大港。而当时的阿拉伯穆斯林则是海上丝绸之路最重要的缔造者和参与者，众多经商的穆斯林纷涌来到泉州经商定居，伊斯兰教也沿着海路东传，故泉州是公认的伊斯兰教最早从海上东传中国的发祥地之一。

泉州清净寺，又称"艾苏哈卜清真寺"，始建于北宋年间（1009，回历400），建筑格局仿照中世纪阿拉伯地区叙利亚大马士革清真寺，是典型的中世纪中亚建筑风格的伊斯兰教寺院，在如今的阿拉伯地区也十分少见。

长方形的寺门，葱头形的尖拱，寺里上下无不散发着浓郁的阿拉伯风情。饱经沧桑的石墙上一千多年前用阿拉伯文镌刻的《古兰经》依稀可见。清净寺的石构建筑非常牢固，四百多年前的大地震也没能把它摧毁，这也使得它得以保存至今，成为中国东南沿海仅存的、非中国宫殿式建筑风格的清真寺。它还与扬州仙鹤寺、广州怀圣寺以及杭州凤凰寺合称中国伊斯兰教四大古寺。

① ②

① 清净寺占地面积2184平方米，整体为石构建筑，仿照叙利亚大马士革伊斯兰教礼拜堂的建筑形式，具有伊斯兰教清真寺在功能空间上大分散、小集中特点。现留存主要建筑为门楼、礼拜殿、明善堂等部分。

② 清净寺与扬州仙鹤寺、广州怀圣寺、杭州凤凰寺合称中国伊斯兰教四大古寺。它是泉州海外交流重要史迹之一。

来自青海省化隆回族自治县的马乙布拉如今是清净寺的阿訇，他向我介绍了清净寺的前世今生。清净寺作为泉州海外交流重要史迹之一，如此规模的伊斯兰寺院在一千年前泉州城共有七座，当时的泉州包容开放，多个宗教并存，多元文化相处融洽。

现在的清净寺位于涂门街中段，东邻香火缭绕的关帝庙，西为锡兰侨民的世姓旧居，南至车水马龙的涂门街，北到河道狭窄的八卦沟，占地面积两千余平方米。这座石质建筑结构的寺院仿照中世纪叙利亚大马士革伊斯兰教礼拜堂形式的建筑，在功能分布上有"主次"之分，在平面和空间布局上具有伊斯兰教清真寺大分散、小集中的特点。主体建筑有高大三重的门楼、八个石窗的南墙、遗址尚存的奉天坛、闽南风格的明善堂、阿曼苏丹卡布斯捐资新建的礼拜堂和"泉州伊斯兰史迹陈列室"等。

清净寺自创建以来，历代穆斯林相继集资修葺，并勒碑为记保存寺内。现寺中还有历年遗留下来的汉文和阿拉伯文石刻，记录了岁月的流逝。尤为珍贵的是1407年明成祖颁发的保护穆斯林和清净寺的《敕谕》碑

刻，至今完好无损地嵌置于寺北的墙壁上："所在官员军民一应人等，毋得慢侮欺凌，敢有故违……以罪罪之。"

漫步寺中，唯独发现明善堂是一座具有闽南风格的古建筑，堂前矗立着一座宋代"出水莲花"石香炉，被当地人称为"寺花"。由于伊斯兰教忌烧香祈祷，这个莲花石香炉是当年穆斯林在礼拜时用于焚烧檀香调节空气的，它由整块寿山石雕刻而成，距今也有一千多年的历史。也就是说，有这个清真寺的时候，这个香炉就被摆在这里了。

时值周五主麻日聚礼，随着洪亮的唤礼声，数十名穆斯林民众陆续走进清净寺，他们互相握手，互致敬意，然后穿过高耸的门楼，经过古礼拜大殿残存的立柱、墙壁和门窗遗迹，聚集到新建的礼拜殿礼拜。

看着这一幕幕和谐安祥的画面，我的眼前开始闪现涂门街这区区数百米之内的所见所闻，伊斯兰教、佛教、道教、儒教，不同宗教和睦相处，不同信仰相融交互，仿佛使人又回到了一千年之前的宋元时期，作为世界最大都市之一的泉州重现出"市井十洲人""涨海声中万国商"、多元文化融合互鉴的繁荣景象。

文庙，千年风霜聚文脉

南国的清晨，清风徐来。耳畔隐约传来美妙无比的丝竹箫弦之声，这悠远古朴的袅

袅清音犹如天籁。莫非这就是传说中的中国现存历史最悠久的"音乐活化石"——"泉州南音"吗？疾步寻声而去，果然在一家"夫子泉茶馆"里，正举行一场少儿南音汇报演出。而音乐飘过的前方，在一片遮天蔽日古榕树的掩隐下，高大的红墙扑面而来，这就是泉州府文庙。

文庙，不仅是纪念和祭祀孔子的祠庙建筑，也是儒家文化的研习场所。自汉武帝"罢黜百家，独尊儒术"，儒教成为古代中国社会居于正统地位的显学之后，历代统治者和地方官员都对孔子推崇备至，修庙祭孔、兴办官学。至明清时期，全国计有文庙两千多座，每个州、府、县都至少有一座庙学合一的文庙。

作为我国24座历史文化名城之一，泉州历史上也曾建有多座文庙，但保存至今且与众不同的就是始建于唐开元末年的这座

① 清净寺，初名圣友寺，又称艾苏哈卜大清真寺，位于泉州市区涂门街，是阿拉伯穆斯林在中国创建的现存最古老的伊斯兰教寺，始建于北宋大中祥符二年（1009），是年为回历400年。

② 泉州府文庙大成殿内，正中有孔子塑像，两旁有四配十二哲画像。主要文物有传世祭孔乐器、舞器、礼器等。其中三件铸有"乾隆六十一年台湾知府蒋元枢捐造，贡生蒋鸿皋监制"铭文的青铜豆和两件铸有"同治六年五月口日铸，州同衔即选训导郑秉经，郊行李树监铸冶"及"台湾北路淡水同知严金清谨制"铭文的编钟，是研究泉州文庙与台湾文庙的历史渊源关系的实物资料。

泉州府文庙。它不仅规模居八闽大地之首，亦为闽省文庙之肇端。

泉州府文庙始建于唐开元末年，北宋太平兴国初年移建孔庙于此，太平兴国七年（982）建为州学，后又迁他处，北宋大观三年（1109）迁回，南宋绍兴七年（1137）重

建。建筑规模宏大，居于泉州古城的南北中轴线上，现存建筑占地面积超过一万平方米，是闽南地区现存最大的文庙建筑群。很难想象，据说这尚不及它原有规模的六分之一。无怪乎明代晋江理学家蔡清慨叹："盖举闽之学宫，未有若斯之盛者。"泉州当年"诗书弦诵之风"兴盛可见一斑。

因泉州府文庙始建时位于衙城右侧，故初名为"鲁司寇庙"，后唐玄宗时的宰相张九龄题写了文庙的匾额。它按照"左学（即府学）右庙"建制，逐渐建起明伦堂、大成殿、东西庑、棂星门等，还建起明伦堂周边的15座先贤专祠，成为荟萃宋、元、明、清建筑形式的庞大建筑群。

主体建筑大成殿为重檐庑殿式结构，代表当时最高的建筑规格，也是泉州目前仅存的孤例。四坡顶五脊，正脊两端雕饰双龙抢珠，其他各脊用泥塑、瓷雕、彩绘装饰着飞禽走兽、农耕狩猎、草木花卉等，极具闽南建筑艺术特色，是宋代中原文化和闽南古建筑艺术有机结合的范例。

大成殿内部为斗拱抬梁式结构。48根承托的白石柱和8根石雕盘龙柱，雄伟而古朴。清康熙皇帝的御书"万世师表"和雍正皇帝的御书"生民未有"匾额，悬挂在横梁之上。历代皇帝御书的还有乾隆的"与天地参"、嘉庆的"圣集大成"、道光的"圣协时中"、咸丰的"德齐帱载"、同治的"圣神天纵"、光绪的"斯文在兹"、宣统的"中和位育"。帝皇的钟爱有加，显示一种极高的规格。

殿内陈列有铜祭器和鼓乐器。穿行在编钟、编磬和各种鼓乐、吹奏乐器中，耳畔如闻鼓乐之声，眼前恍若可见舞者手执玉笛和龙仗羽发翩然起舞。殿前有露台，须弥座束腰嵌有莲花、扶桑、山茶、牡丹、芙蓉等青草石浮雕。台前为拜庭，庭中有半月形泮池，上有梁式石桥。如此规模、如此气势，洗尽铅华，尽显恢宏厚重。

以前曾有一座菜市场蚕食了当年文庙的西庑，而今菜市场已搬迁，还文庙以原貌。喧嚣之声消遁，斯文之地重现。西庑现在是

"泉州历史名人纪念馆",郑成功、俞大猷、李贽、李光地、张瑞图、蔡襄、曾公亮等许多名人在此一一"复活"。东庑则为"古代教育展览馆",可领略"人文之胜,甲于闽省"的泉州古风。

泉州素有"海滨邹鲁"之誉,自开化以来,文风兴盛,人文荟萃。文庙乃一地之文教温床,历代从府文庙走出来的进士,唐16人,五代11人,宋872人,元3人,明664人,清248人。泉州"人文之胜,甲于闽省"的古风可以说在府文庙中尽显。

仓廪实而知礼节,衣食足则知荣辱。时代发展到今天,多元文化依然相互激荡,泉州府文庙经历过漫长历史的风风雨雨,它的文化和精神价值也在扩展与升华。只要这座文庙还在,泉州明天再创辉煌,便是顺理成章的事情。

①
②

① 泉州府文庙是泉州主要文化古迹之一。始建于唐开元末年,北宋太平兴国初年移建孔庙于此,太平兴国七年(982)建为州学,后又迁他处,北宋大观三年(1109)迁回,南宋绍兴七年(1137)重建。府文庙主体建筑大成殿为典型的宋代重檐庑殿式结构。面阔7间35.3米,进深5间22.7米,斗拱抬梁式木结构,以48根白石柱承托,正面有浮雕盘龙檐柱8根,风格古朴,在全国现存文庙中甚属罕见。殿前砌露台,台明嵌有仰莲、覆莲、扶桑、山茶、牡丹、芙蓉等辉绿岩石浮雕。

② 通淮关岳庙现存庙宇为民国十六年(1927)重修,1986年至1990年再次进行全面整修。修复后的殿宇,装饰精美的木雕、石雕和泥塑,屋脊剪瓷龙雕,造型各异,其间配有花鸟走兽,体现闽南古建筑的艺术风格。

通淮关岳庙: 见证中华民族文化基因

出了清净寺,不远处但见一座寺庙门前熙来攘往,人声鼎沸,香火缭绕,这就是福建现存规模最大的武庙——泉州通淮关岳庙。进入庙内,不绝于耳的掷杯声,让我感受到这座宫庙的旺盛人气。

泉州作为一座历史文化名城,古代受中原文化和海洋文化的深厚影响,素有"海滨邹鲁"和"泉南佛国"之誉,尤其是民间信仰文化十分丰富。 如果你从涂门街一路寻访,一座座庄严古朴的寺庙如同一个五光十色的万花筒,在你面前呈现出一道丰富多彩的人文风景。这些古迹虽历经千百年风雨侵袭,但依然矗立在泉州的大街小巷,见证了鲤城的历史变迁,成为泉州人最值得骄傲的人文胜境。

在泉州,通淮关岳庙被称为"祈福最灵地""香火最旺的庙宇"。当百姓在日常生活中,如婚丧嫁娶、事业功名、流年运势、疑难杂症遭遇困难和疑惑时,都要第一时间来关岳庙,向关圣帝君求签请其,指点迷津,这已然成为泉州市民生活的一个"传统时尚"。

关帝信仰在泉州的发展，大约始于明初，到明末万历年间已经规模甚大，清代达到高峰。如果究其盛行于世的原因，可能有三点。一是出于意识形态的需要，以及正统文化思想格局的营造。关羽被当作"仁、义、礼、智、信"的化身，逐步被官方认可和尊崇，并大加宣扬。二是道教的解释，是促成官方关帝信仰转型的主要动力。尽管儒、释、道三家都希冀将在民间拥有广泛信仰基础的关羽纳入自己的体系——关羽被士人尊为五文昌之一，被佛教列为伽蓝护法神，但是，在推动关帝信仰兴盛中最有成效的要数道家。三是关帝崇拜的世俗化，使关帝信仰植入民间深厚的土壤。

通淮关岳庙民间俗称"涂门关帝庙"，始建年代和初始规制无考，相传建于南唐至宋代，主祀关羽，是祭祀文（孔子）武（关羽）圣的著名古迹。宋代建庙始称"关王庙"。明万历年间，神宗皇帝敕封关帝为"天尊关圣帝君"，该庙改称为"关帝庙"，因邻近泉州古城门通淮门，故加"通淮"二字，名"通淮关帝庙"。

到了民国三年（1914），袁世凯统治整个中国，因其对岳飞赞赏有加，欲树立岳飞形象，所以就命全国关帝庙都要进驻岳飞。因为当时没有神像，最后只进驻一个牌位在里面。自民国三年起，关帝庙就改成关岳庙了。如今，通淮关岳庙里供奉着关羽的神像，而岳飞却用一块神主牌安奉在一旁，如此的供奉方式，全国关岳庙仅存泉州、台湾、北

下图　通淮关岳庙因坐落在泉州市鲤城区涂门街，俗称涂门关帝庙，主祀关羽，民国三年（1914）增祀岳飞，故改现名。它是祭祀文（孔子）武（关羽）圣的著名古迹，也是福建省现存规模最大的武庙。

京三家。

通淮关岳庙的外在形态也极具闽南建筑特色,整个建筑呈红筒瓦屋顶、燕尾脊造型。它由武成殿、三义庙、崇先殿三座殿堂并排组成,这样的"一"字形的坐落方式与民间宫庙建筑递进错落有着很大的差别,这在全国宫庙建筑中堪称一绝。

作为泉州香火最为旺盛的宫庙,究竟旺到什么程度? 如果你看到庙里的金炉就明白了。除去地面上可见的 3 层楼高的金炉主体外,地下室还有深达 3 米的炉体,炉身总高达 20 米,这样的巨型金炉在国内庙宇实属罕见。

"东南西北中,谁是真英雄……穿越千年时空,汝在我心中……只为百姓尽忠,只为人间正气,才有万世敬仰。"在第三届海峡两岸关帝文化节的开幕现场,与会者共唱一曲《关圣帝君》,唱出了"帝爷公"的浩然正气。

泉州与台湾隔海相望,同云雨共日月。因为关圣庙前那一柱千年不息的人间香火,把两岸民众的心紧紧系结在一起。目前,台湾共有 300 多座大小关帝宫庙,而从通淮关岳庙分灵分香火传播到台湾的关帝庙,就占了全台湾关帝庙的三分之一以上。台南市"开基武庙",建于南明永历二十三年(1669),神像是由泉州涂门街关帝庙中恭请去奉祀的。云林县保长湖"保安宫",是清康熙三十六年(1697)泉州移民带去的涂门街关帝爷香火建宫,再从祖庙恭请神像去奉祀。他们还分香于台湾各地建庙。每逢关帝圣诞,台湾全岛沸腾:抬神轿、演社戏、上阵头,鞭炮轰鸣,鼓乐喧天,香火非常旺盛。

近年来,台湾已有上百家关帝庙。很多台湾同胞,纷纷前来涂门街的通淮关岳庙谒祖进香。从 2011 年起,还举行了规模盛大的"海峡两岸关帝文化节"。这也是近 400 年来,海峡两岸举办的规模最大的关帝庙祭祀仪式。

2014 年,泉州通淮关岳庙的关圣帝君神尊,在时隔 600 年后首次从平潭岛出发,乘坐"丽娜号"游轮东渡巡游台湾,并在台湾进行祈福绕境活动。这次活动从当年的 12 月 10 日开始,关圣帝君的绕境足迹遍及台湾的台中、新竹、桃园、台北、新北、高雄等 20 多个地区,行程达 43 天。这创下了自明朝嘉靖年间通淮关岳庙建庙以来关圣帝君赴台巡游规模最大、时间最长的一次纪录。

夜幕降临,但通淮关岳庙依然灯火通明,信众虔诚。仰望正殿上方悬挂的由朱熹手书的"正气"牌匾,我不禁感慨:"仁、义、礼、智、信"的关帝精神,成了所有中华儿女共同认同、遵循和传承的中华优秀传统文化,有了这个千年不息的标志性"中华文化基因",中华民族的根扎得更深,扎得更久。

如今每到重大节日,通淮关岳庙内外总是泉州城里最亮丽的一道风景线。虽然香客们大多只是为心愿和祈福而来,但恩主公关圣帝君的那份正气与威神,还是给予前来朝拜的民众,给予这座城市一种浩然正气和家国情怀。

中国最早用于海上丝路的跨海大桥

005

洛阳江口又春风

福建省泉州市 · 海上丝路

不在洛阳的"洛阳桥"

刺桐花开了多少个春天

东西塔对望究竟多少年

多少人走过了洛阳桥

多少船驶出了泉州湾

现在轮到我走上桥来

……

少小离家，回首已苍老

刺桐花开了多少个四月

东西塔依旧矗立不倒

江水东流，海波倒灌

多少人走过了洛阳桥

吟诵着著名诗人余光中先生的《洛阳桥》，伫立于"海内第一桥"的洛阳桥头，感悟"潮来直涌千寻雪，日落斜横百丈虹"的壮阔气势，这个鲤城十大古景之一的"洛阳潮声"把我带入一千年前东方第一大港——刺桐的光辉岁月，倾听它与海上丝绸之路的传奇故事。

洛阳桥虽然桥名带有"洛阳"两字，但桥梁所在地点却不是洛阳，而是著名的海上丝绸之路宋元起始港之一——泉州。

洛阳桥位于泉州城东 13 公里的洛阳江入海口，当时是广东、福建北进京城的捷径。此桥为何取名为洛阳桥呢？早在唐宋之前，泉州一带的居民多为越族人，唐朝"安史之乱"之后，由于战争频发，社会动荡不安，造成大批中原人背井离乡，南迁谋生，迁到泉州及闽南一带的多为来自河南、河水和洛水一带的民众。他们来到了泉州以后，看到这里的山川地形很像古都洛阳，因思乡心切，就把这个地方也取名为洛阳（现在仍称洛阳镇），此江改称洛阳江，此桥也因此而命名"洛阳桥"。

这些由中原迁移泉州的民众，带来了中原先进、发达的农业技术，也带来了古丝绸之路的商贸传统，引导当地百姓进行农业开垦，发展经济。泉州乃至整个闽南地区所用的语系称为河洛语，也就是现在所说的闽南语，这个听起来好像有点神奇。

河洛语是唐代官话。河指黄河，洛指洛水。也就是说，操河洛语的以这两个地方的人为主。当然，随着社会的发展，今天的闽南语肯定与以前的河洛语大异其趣。但闽南语至今还保留着大量原汁原味的河洛语，那是有据可查的。

为什么河洛语能保留至今呢？为什么没被当时的福建土话同化呢？因为那时候是大

规模移民，不是个人和小群体的行为，加上当时中原的文明程度要高出福建，所以同化不了。反而是河洛语在吸收当地土话的基础上得到发展，最终演变成今日的闽南语。在某种程度上说，闽南语可谓正宗的汉语。而洛阳桥的名字保留至今，则再次印证了先进文化是最深沉、最持久、最有竞争力的软实力。

"海内第一桥"

宋元时期，泉州港被誉为"东方第一大港"，与埃及亚历山大港齐名。"闽海云霞绕刺桐，涨海声中万国商"，海上交通的繁荣，造就了泉州"市井十洲人"的繁华景象。

洛阳桥与北京卢沟桥、河北赵州桥、广东广济桥并称我国古代四大名桥，但其他三座桥梁均建造于河上，唯有洛阳桥建造在海上，可谓是中国最早的跨海大桥。泉州作为中国海上丝绸之路的重要起点，桥梁建成以后，不仅使洛阳江天堑变通途，也大大推进

① 唐朝初年，由于社会动荡不安，时有战争爆发，造成大量的中原人南迁，迁到泉州及闽南一带的大多数为河南、河水和洛水一带的人士。这些南迁的中原人士，带来了中原先进、发达的农业技术和经验，引导当地人们开垦、发展。他们来到了泉州后，看到这里的山川地势很像古都洛阳，就把这个地方也取名为洛阳，此桥也因此而命名。

② 洛阳桥附属文物十分丰富，现存有2座塔、2座亭子、3个祠庙、4尊武士石像、20方历代碑刻，桥南接尾的"蔡忠惠公祠"，是北宋时为纪念蔡襄的功劳而建造的，祠中有两块大石碑，刻着大书法家蔡襄所撰的《万安桥记》，记述建桥过程。此碑文章之精练，书法之遒丽，刻工之生动，世称"三绝"。

了泉州的海外交通与贸易交往。

当时的洛阳江入海口"水阔五里，波涛滚滚"。人们往返只能靠渡船，每逢大风海潮，渡船经常连人带船倾覆于江海之中，当地百姓为祈求平安过渡，就把这个渡口称为"万安渡"。因此，洛阳桥修建完成之后，也多了一个名称叫"万安桥"。

据《泉州府志》记载，旧万安渡是北宋庆历初郡人李宠甃石作浮桥，后由当时任泉州郡守的宋代大书法家蔡襄倡导改建成石桥。从皇祐五年（1053）至嘉祐四年（1059），前后历7年之久，耗银1400万两，建成了这座跨江接海的大石桥，至今已有900多年历史。洛阳桥原长1200米，宽5米，桥墩46座，两侧有500个石雕扶拦28尊石狮，兼有7亭9塔点缀其间，武士造像分立两端，桥的南北两侧种植松树700棵。

洛阳桥素有"海内第一桥"之誉，在中国桥梁史上与赵州桥齐名，有"南洛阳，北赵州"之称，作为古代著名跨海梁式石构桥，对世界桥梁科学的贡献巨大。洛阳桥地处泉州江海汇合处，江潮汹涌，浪涛搏击。900年前的中国桥梁工匠们，首创了一种直到近代才被人们所认识的新型桥基——"筏形基础"。所谓"筏形基础"，就是用船载石沿着桥梁中线抛下大量石块，使江底形成一条矮石堤，然后在堤上修建桥墩。

为巩固大桥基石，工匠们还首创了"种蛎固基法"，即在基石上养殖牡蛎，使之胶结成牢固的中流砥柱，首开世界上把生物学应用于桥梁工程中的先例。至今，人们仍可以从那些缀满白色蛎房痕迹的桥墩石上窥探石桥当年的造桥秘诀。

当时没有现代化起重设备，工匠们就

① ② ③

① 为了巩固桥梁基石，当地先民首创了"种蛎固基法"，即在基石上养殖牡蛎，使之胶结成牢固的中流砥柱。这是世界上把生物学应用于桥梁工程中的先例。

② 洛阳桥址位于江海汇合处，江潮汹涌，浪涛搏击，近千年前的中国桥梁先驱们，首创了一种直到近代才被人们所认识的新型桥基——"筏形基础"，就是用船载石沿着桥梁中线抛下大量石块，使江底形成一条矮石堤，然后在堤上建桥墩。洛阳桥桥墩全用长条石交错垒砌，两头尖，以分水势，减轻浪涛对桥墩的冲击，以达到千年永固。

③ 高甲戏是泉州著名的非物质文化遗产，又名"戈甲戏""九角戏""大班""土班"，发源于明末清初闽南农村流行的一种装扮梁山英雄、表演武打技术的化装游行。高甲戏的传统剧目有九百多个，而演出剧目则分为"大气戏"（廷戏和武戏）、"绣房戏"和"丑旦戏"三大类；高甲戏的角色原来只有生、旦、丑，后来又先后增加了净、贴、外、末和北（净）、杂二色；高甲戏的表演艺术来自梨园戏、木偶戏、弋阳腔、徽戏和京剧；高甲戏的音乐唱腔以南曲为主，兼用"傀儡调"和民间小调；高甲戏使用的乐器分为文、武乐二种。深受当地民众的喜爱。

采用"浮运架梁法"，利用海潮涨落的高低位置，架设桥面大石板，显示了中华先民建桥的非凡才智。洛阳桥的桥墩形式也别具一格，桥墩全用长条石交错垒砌，两头尖，以分水势，减轻浪涛对桥墩的冲击。

洛阳桥创造了古代建造梁式石桥的成功经验。宋代以后，泉州桥梁建筑空前兴盛，著名的安平桥、石笋桥、顺济桥、盘光桥等都是仿照洛阳桥而建造起来的，因而有了"泉州桥梁甲闽中"的美誉。洛阳桥作为中国造桥史上的一座丰碑，被我国著名桥梁专家茅以升称洛阳桥为"福建桥梁的状元"。

风雨千年，洛阳桥见证了宋元时期"东方第一大港"泉州在海上丝绸之路的繁荣历史。今天的洛阳桥仍然在继续发挥着它的交通作用，21世纪海上丝绸之路的明天还将从这里向全世界延伸。

中国石窟艺术之鼻祖

006

祁连深处的佛门圣地

甘肃省武威市·丝绸之路

河西走廊，丝路西去的咽喉和黄金路段，曾是佛教东传的要道与第一站，历史悠久，文化厚重，其辉煌从西汉开始一直延续到现在。在这片历史文化积淀深厚的土地上，漫漫风沙掩埋了太多的故事。

"天梯积雪"下的佛光

霜降之后，一场初雪将丝绸之路重镇甘肃武威层林尽染，气势磅礴的祁连山与苍茫戈壁尽呈"金色世界"。在武威城南 50 公里的祁连山腹地，有一片开阔的盆地，四周峰峦如聚，《西游记》中描写生长人参果的万寿山就在此处。源自祁连雪山的黄羊河在这里汇聚成一个明镜般的天池，远望群山白雪皑皑，浮云如练，近观湖面像一块温润的碧玉，倒映着蓝天、白云和青山，给这片原本苍凉的天地增添了无限的灵秀。

在这个盆地的北缘，山峦叠嶂，陡峭峻拔，高入云霄，属祁连山东线的一条支脉，山巅因常年积雪被称为"天梯积雪"，古为凉州八景之一。拾级而上，道路崎岖，形如悬梯，有"登临之难，犹如上天梯"之说，天

梯山由此得名。距今约有 1600 年历史的"中国石窟鼻祖"——天梯山石窟就藏匿于天池石壁之上。大佛依山巍然端坐，左手平放于膝间，右臂前伸，手掌外撑，大佛脚下一泓碧波荡漾，薄云缠绕其间，构成了一幅山、水、佛、云浑然一体的壮观奇景。

赵朴初曾说，佛教教义的真谛就在佛教艺术。作为古丝绸之路的黄金路段，河西走廊沿线不乏精美绝伦的石窟，莫高窟、榆林窟、麦积山、炳灵寺、马蹄寺、文殊寺石窟……延续千年而不衰。

石窟艺术是一种宗教文化，取材于佛教故事，兴于魏晋，盛于隋唐。它吸收了印度犍陀罗艺术精华，融会了中国绘画和雕塑的传

统技法和审美情趣，反映了佛教思想及其汉化过程，是研究中国社会史、佛教史、艺术史及中外文化交流史的珍贵资料。中国的佛教石窟大致的传播路线是从天竺到西域，经河西走廊传到中原。它在中国的源头又是从哪里开始的呢？

乾隆《武威县志》记载："大佛寺，城东南一百里，有石佛像，高九丈，贯楼九层，又名广善寺。"《法苑珠林》等佛教经籍中对此也有记载。石窟造像别具一格，或石雕或泥塑，其规模宏伟壮观，精美绝伦，千姿百态。大佛含笑，高 30 米，右手指向磨脐山，雍容典雅，庄严肃穆，有气吞烟霞、挥斥乾坤之势。石窟为北凉王沮渠蒙逊于 412 年至

②　③
①

① 天梯山山峰巍峨，陡峭峻拔，高入云霄，山有石阶，拾级而上，道路崎岖，形如悬梯，故称天梯山。山巅常年积雪，俗称"天梯积雪"，为凉州八景之一。石窟中大佛依山而坐，脚下碧波荡漾，薄云缠绕其身，构成了一幅山、水、佛、云浑然一体的壮观奇景。

② 天梯山石窟是我国开凿最早的石窟之一，也是我国早期石窟艺术的代表，是云冈石窟、龙门石窟的源头，在我国佛教史上具有重要地位，在学术界有着"石窟鼻祖"之称。

③ 天梯山石窟，也称凉州石窟，别名凉州大佛窟，位于武威城南 50 公里的张义镇灯山村，由凉州著名高僧昙曜开凿。创建于东晋十六国时期的北凉，北朝、隋唐、西夏到明清相继营建，距今已有 1600 多年的历史。它是中国早期石窟艺术的代表，历代延续修建，文物层叠分布是天梯山石窟壁画和雕塑的重要特征。

439 年开凿，距今已有 1600 年的历史。后经历代开凿，规模宏大，建筑雄伟，现窟内保存壁画数百平方米，现存洞窟三层，佛龛十七个，佛像一百多尊以及魏、隋、唐时期的汉、藏写经。

中原石窟风格的开创者

天梯山石窟是我国早期石窟艺术的杰出代表。在开凿天梯山石窟的过程中，培养和形成了一大批开凿佛教石窟的能工巧匠和雕塑彩绘大师，昙曜就是其中的佼佼者。他们在完成天梯山石窟之后，随着政治形势的变化和佛教中心的东移，东下平城（今山西大同）开始了新的石窟艺术开凿生涯，成为创建云冈石窟、龙门石窟的重要技术力量，昙曜还成为北魏的佛教领袖。

439 年，北魏灭北凉，从姑臧迁宗族吏

民3万户至平城，其中有僧侣3000多人。这是一个非常庞大的数字，既反映了凉州人口众多，也说明了佛教在此地的兴盛。这3000多名僧人实际上就是"凉州模式"的创造者，推动着北魏崇佛风气日渐兴盛。北魏灭北凉结束了河西地区140余年割据而繁荣的局面，曾经盛极一时的凉州佛教及其艺术受到重创，凉州僧人纷纷外流，除迁平城外，一部分向西迁往敦煌等地，由此促进了敦煌佛教的兴盛，使敦煌成为继凉州之后又一个河西佛教中心，并推动了河西石窟文化发展过程中的第二个高峰——敦煌石窟文化的迅速发展。敦煌石窟中的盛唐大佛（130窟）和天梯山的大佛艺术风格十分相似，由此印证了天梯山石窟与敦煌石窟的渊源关系。

① 目前的大佛窟是唐代兴造的，它和石窟中最有价值的北凉洞窟同属我国国宝级石窟。大佛窟内南北两壁绘有大幅壁画，笔触清新，色泽艳丽，形象逼真。洞窟内还残存一些塑像和壁画，雕塑中有北魏石佛头像，北周、隋菩萨像和唐释迦说法像。其中北凉壁画，菩萨像直鼻、大眼、厚唇、白鼻梁、宝冠卷发，上身半裸，腰裹长裙，西域早期壁画特征明显，足具朴拙之美。

② 专家们一致认为，莫高窟虽为中国内地最早石窟艺术开创地，但正式开窟建寺的时间要从420年北凉灭西凉之时算起。莫高窟历史上出现开凿盛期是北魏孝明帝时（516—528）。这时随着洛阳一批官宦、僧侣与工匠的进入，中原汉风在这里开始流行。而这已经是天梯山石窟开凿100年以后的事情了。由此可见，中国石窟影响过程应当是：天梯山石窟—云冈石窟—龙门石窟—敦煌石窟。真正能够影响中原石窟风格的非天梯山石窟莫属。

据《释老志》《世祖纪》《高祖纪》记载，凉州僧人师贤到平城后，任道人统（管理宗教事务的官职），并于452年建议并亲自主持开始造帝王化的佛教石像。8年后师贤去世，凉州高僧昙曜继其职，改道人统为沙门统，继续主持造像工作，并于平城近郊开凿云冈石窟。他们只用了短短5年（460—465）就完成了云冈石窟的代表作品"昙曜五窟"的建造，其第五窟大佛是云冈石窟最宏伟的雕像和代表作。后经历代开凿，使云冈石窟成为中国最大的石窟群之一，雕造富丽，是全国石窟之冠。

云冈石窟历经60年的经营，无数雕塑大师在53个洞窟里雕刻了佛像、飞天等5万多尊。其间主要工程完成在太和十八年（494）迁都洛阳之前。这些宏大精美的雕

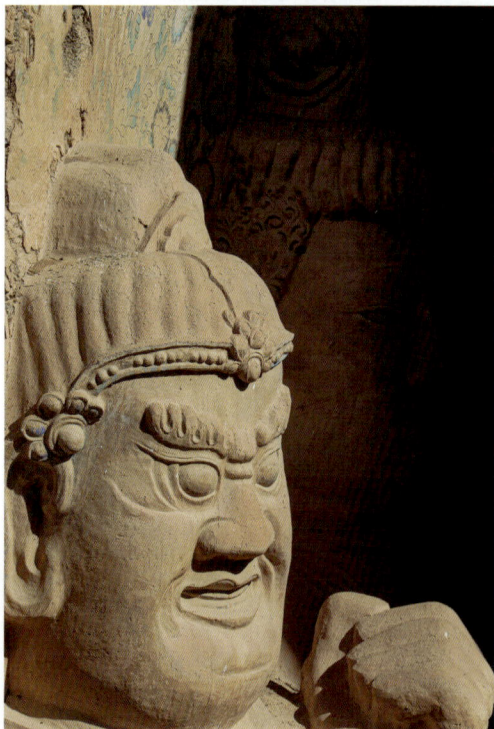

塑，是雕塑家们智慧和艺术才华的结晶，而凉州僧人及其工匠起了极其重要的作用。由此可见，北凉和北魏的佛教石窟艺术之间也存在源流关系，即北凉为"源"，北魏为"流"。

据《魏书·释老志》记载，驰名中外的龙门石窟是继云冈石窟之后开凿的。太和十八年（494），北魏孝文帝迁都洛阳，从这个时候起，历经东魏、西魏、北齐直至明清，营建了规模宏大的龙门石窟群，同时还开凿了巩县石窟和附近的几座石窟。龙门石窟的建造艺术风格，无不流淌着天梯山石窟

① 天梯山石窟是我国早期石窟艺术的代表。在开凿天梯山石窟的过程中，培养了一批开凿石窟的能工巧匠和雕塑家、彩绘家。昙曜等人在完成天梯山石窟之后，随着政治形势的变化和佛教中心的东移，东下平城（今山西大同），开始了新的开凿生活，成为云冈石窟、龙门石窟的重要技术力量，昙曜则成为北魏的佛教领袖。

② 据历史记载，439年，北魏灭北凉，从姑臧迁宗族吏民3万户至平城，其中有僧侣3000多人。这3000多名僧人实际上就是"凉州模式"的创造者，推动着北魏崇佛风气日渐兴盛。北魏灭北凉结束了河西地区140余年割据而繁荣的局面，曾经盛极一时的凉州佛教及其艺术受到重创，凉州的僧人纷纷外流，除迁平城外，一部分向西迁往敦煌等地，由此也促进了敦煌佛教的兴盛，使敦煌成为继凉州之后的河西佛教中心，并推动了河西石窟文化发展过程中的第二个高峰 —— 敦煌石窟文化的迅速发展。敦煌石窟中的盛唐大佛（130窟）和天梯山的大佛艺术风格相似，说明天梯山石窟的开凿及其艺术风格和建筑风格直接影响到敦煌及河西石窟。

和云冈石窟的血脉,既有强烈的南朝文化和中原传统汉文化色彩,又有浓厚的河西文化基因。

从年代上看,新疆的许多佛教石窟如克孜尔石窟的建造时间要比敦煌石窟和中原石窟久远,但它对中原石窟产生的直接影响甚微。史料记载,莫高窟始创于前秦建元二年,即前凉升平十年(366),炳灵寺石窟169号的题记是420年,天梯山石窟创建于412—439年。从年代上看,似乎天梯山石窟比莫高窟要略迟一些,与炳灵寺石窟年代基本相当。

但实际上这两个石窟对莫高窟的影响非常之大。莫高窟虽为中国内地最早的石窟艺术开创地,但它正式开窟建寺的时间要从420年北凉灭西凉之时算起。莫高窟历史上出现的开凿盛期是北魏孝明帝时(516—528)。这时随着洛阳的一批官宦、僧侣和工匠的进入,中原汉风在这里开始流行,而这个时间已经是天梯山石窟开凿100年以后的事情了。

如此这般,一条中国石窟艺术的脉络清晰地展现在我们面前:天梯山石窟—云冈石窟—龙门石窟—敦煌石窟。真正影响中原石窟风格的非天梯山石窟莫属。

天梯山石窟,大佛法相庄严慈祥,湖光山色犹如仙境。伫立于此,仿佛所有的一切只属于我自己,如此空旷,如此壮美。

中华民族大团结历史上浓墨重彩的篇章

007

无法超越的佛教圣地

甘肃省武威市·丝绸之路

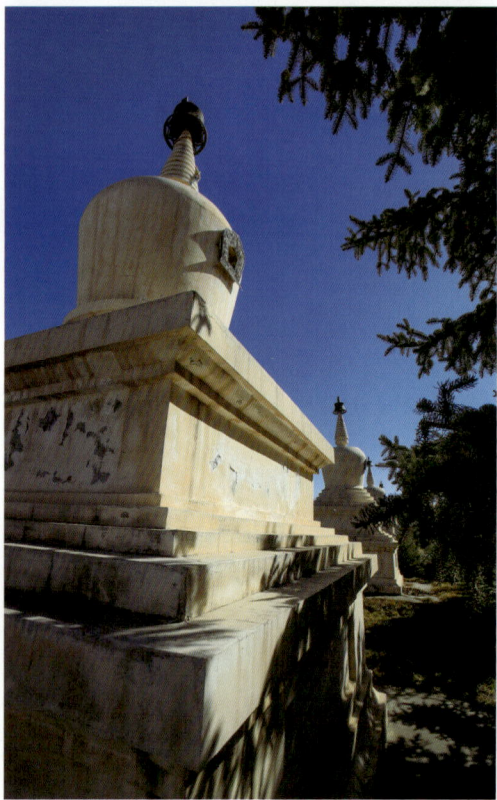

寺，西藏萨迦寺，两者相距 2800 公里，1247 年，这两座佛教名寺因为"凉州会盟"而名垂青史。

"凉州会盟"是西藏地方和中央王朝关系史的一个重大转折点，不仅解决了青藏高原地区的和平归属问题，也大大促进了汉、蒙、藏等多民族在政治、文化和宗教等方面的相融互通，影响了此后中国的版图以及政治和文化格局，在中华民族大团结历史上写下了浓墨重彩的一笔。

武威，古称凉州、雍州，地处汉、藏、蒙交界处，雄踞于河西走廊东端，是著名的"丝绸之路"咽喉要冲，素有"通一线于广漠，控五郡之咽喉"之称，东邻宁夏，南望兰州，西通新疆，北去内蒙，历代都是兵家必争之地。早在 2000 年前，汉武帝派骠骑将军霍去病大破匈奴，开疆拓土，设"河西四郡（武威、张掖、酒泉、敦煌）"，"武威"为河西第一郡，意为彰显大汉帝国军队的"武功军威"。

祁连山下，武威城外，阔端和萨迦班智达（简称萨班）骑着高头大马，阔端高举右臂指向远方，两人注目远眺，共同见证了"西藏纳入中国版图"这一伟大历史事件。

凉州会盟的见证地

历史上有种种机缘巧合。甘肃武威白塔

① ②
③

① ② 白塔寺，藏语称夏珠巴第寺，又名百塔寺，位于武威市城东南 20 公里的武南镇白塔村。始建于元代，距今已有 770 多年的历史，为藏传佛教凉州四寺（白塔寺、莲花山寺、海藏寺、金塔寺）之一。

③ 1247 年，西藏萨迦派宗教领袖萨迦班智达·贡嘎坚赞（简称萨班）与蒙古汗国皇子、西路军统帅阔端为解决西藏归顺问题，在武威白塔寺举行了著名的"凉州会盟"，达成了西藏归顺蒙古汗国的条件，并颁布《萨迦班智达致蕃人书》，结束了西藏近 400 多年的混乱局面。

武威处于亚欧大陆桥的黄金节点和西陇海兰新线经济带中心地段，区位优越，林茂粮丰，资源丰富，自古为"人烟扑地桑柘稠"的富饶之地，是"车马相交错，歌吹日纵横"的西北商埠重镇，素有"河西粮仓""银武威"之称，在很长一段时间是河西走廊军事、政治、经济和文化中心。

1206年，成吉思汗统一北方草原各部，建立了蒙古汗国。此后数十年间，成吉思汗及其后继者不断扩展蒙古汗国的统治势力。1227年灭西夏，当时的凉州为西夏陪都，亦被蒙古大军占领。到了1229年，成吉思汗三子窝阔台即汗位，把原属西夏和甘肃、青海部分地区划给了他的次子阔端（元太宗窝阔台之子，为皇妃忽帖尼所生）作为封地。阔端坐镇凉州，称为"西凉王"。1235年7月，蒙

②│③
①

① ② 1992 年 9 月 21 日，国务院发表了《西藏的主权归属与人权状况》白皮书，提出武威白塔寺是西藏纳入中国版图 750 多年的历史见证。

③ 凉州会盟使当时的蒙藏双方避免了一场战争所造成的惨重伤亡和破坏，两族人民从此和睦相处，友好往来成为相互关系发展的主流。西藏僧俗各界保持与蒙古统治者的联系，有利于西藏地方局势稳定，人民安居乐业。

古大汗窝阔台在漠北召开忽里勒台（最高国务会议），决定出兵进攻南宋，一统华夏。

　　"凉州会盟"发生在 1244—1247 年之间，那是一个充满血腥的年代，强大的蒙古政权统一中国已成定局。当时吐蕃三面受敌，势单力薄，已经处于蒙古大军的战略合围之中。 再看看当时的西藏地区，教派众多，长期分裂，政权割据，没有能力对抗蒙古的虎狼之师。阔端为了实现统一西藏的宏伟战略目标，实施了恩威并举的策略，向西藏活佛萨迦班智达发出和平统一的信息。

　　萨迦班智达是当时藏传佛教萨迦派的第四代传人，年幼时跟随三伯父学法，受严格的佛典经学教育。25 岁时，拜前来西藏的印度那烂陀寺持克什米尔高僧释迦室利跋陀罗为师，受比丘戒，学习经论及大小五明之学。他不仅懂梵文，还懂祝夏语（即唐代的勃律），在佛学方面，除了精通萨迦教法外，对其他教派如噶当派、希解派的教法都有较深的理解。

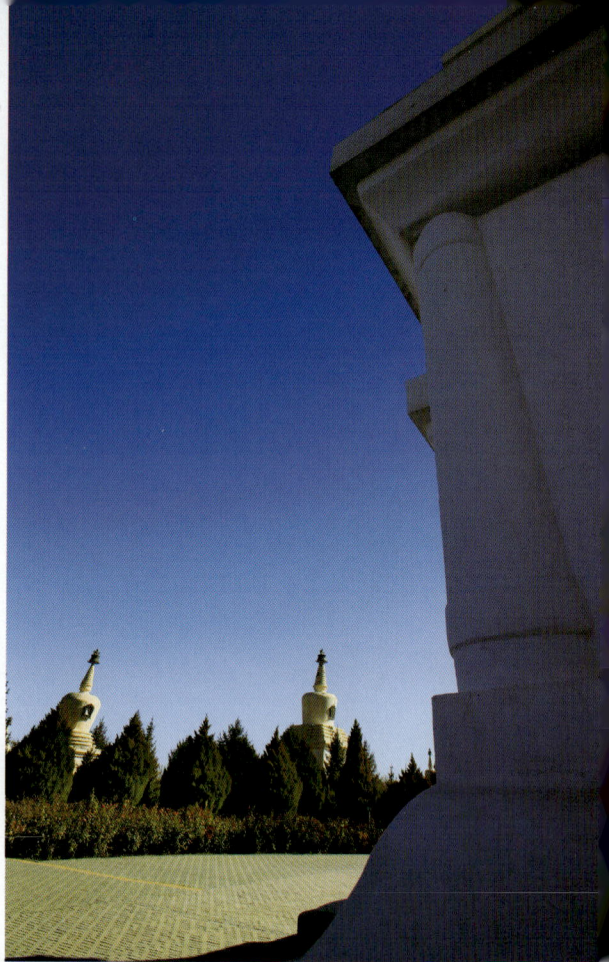

　　尽管当时萨班的宗教活动主要以后藏的萨迦寺为中心，但他在前藏地区也有很大的声望和影响。由于萨班学识高超，著述甚丰，品行高尚，声望极佳，人们尊称他为精通大小五明的"班智达"，于 1216 年接替其伯父住持萨迦寺，成为当时西藏地方很有影响的一名佛教大师。

　　1244 年秋，阔端向萨迦班智达发出正式邀请诏书，请他前来凉州商谈西藏归属问

题。并委派多达那波为"金字使者"偕同另一位名叫杰曼的将领率兵,带着邀请诏书和丰厚礼品不远千里深入后藏萨迦寺,迎请寺主萨迦班智达。

以萨迦班智达为代表的西藏上层人士清楚地知道,强大的蒙古军队所向披靡,从蒙古高原到中原内地以至到中亚到欧洲,攻无不克。而长期分裂割据、不相统属的西藏地方,根本无力对抗蒙古铁骑。为西藏的前途和命运考量,也为了弘扬佛法,萨迦班智达高瞻远瞩,他不顾个人安危和年迈体弱,毅然决然带领两名侄子及众多僧人和经卷应邀前往凉州。

他先遣侄子八思巴和恰那多吉等人直接奔赴凉州。他本人抵达前藏拉萨,与拉萨僧俗各界上层人士充分商议归附蒙古的具体事宜,然后于 1246 年途经青海、甘肃天祝县到达凉州。当时,阔端正在蒙古和林参加推举其长兄贵由继承大汗汗位的王公大会,待 1247 年返回凉州,才与萨班活佛举行了首次会晤。

阔端与萨班的会面是中国历史上的一件大事。藏文史料称,"阔端甚喜,谈论了许多教法和地方风俗民情",佛法也"得到王的敬信"。阔端作为蒙古汗廷代表,萨班作为西藏地方代表,互相进行了一系列的磋商谈判活动,并就关键性问题达成共识,会谈的成果是产生了《萨迦班智达致蕃人书》这一重要的历史性文件。萨班在信中说,西藏已成为蒙古属地,阔端大王已委派萨迦班智达和其他金字使者对西藏进行共同治理，信中还对蒙古为西藏规定的各项制度包括委派官员、缴纳贡赋等都作了说明。

《萨迦班智达致蕃人书》向历史宣告，向世界宣告：西藏结束了400多年的分裂局面，正式纳入中国版图，中国的西南边疆从此正式固定下来，中国完整的领土从此不可分割了。这一顺应历史潮流的明智之举，反映了当时西藏人民的愿望与要求。消息一传到西藏，"卫、藏之僧人、弟子和施主等众生阅读了此信件后，无不欢欣鼓舞"（《萨迦世系史》）。"凉州会盟"以对话代替对抗，以和平代替战争，使多个民族和平相处、友好往来成为中国民族关系发展的主流。

萨迦班智达圆寂之地

白塔寺，藏语称夏珠巴第寺，又名百塔寺，始建于元代，距今已有750多年的历史。

塔林是武威白塔寺最为壮观的景点，白色的塔林在翠柏的衬托下，直刺苍穹，显得气势恢宏，卓越不凡，让人感到肃穆庄重，肃然起敬。

当时"凉州会盟"之后，在阔端的支持下，萨班在凉州城周围改扩建了4座佛教寺院，这4座寺院即东部白塔寺、西部莲花寺、南部金塔寺、北部海藏寺。其中白塔寺规模最大，是元代凉州最大的藏传佛教寺院，号称"凉州佛城"，它是萨班在凉州期间讲经布道和驻锡之所，成为蒙古王室、各族官员和僧众听经礼佛的圣地。

萨班在白塔寺5年多时间，于1251年藏历11月14日圆寂，享年70岁。阔端为他举行了盛大的悼祭活动。据史料记载，萨班被紫白檀木火化真身，并修建了一座巍然耸立高约42.7米的藏式喇嘛灵骨塔，方形基座上为十字折角塔座，宽约8米。塔座之上为覆钵。自基座至覆钵高5米，全部夯筑。

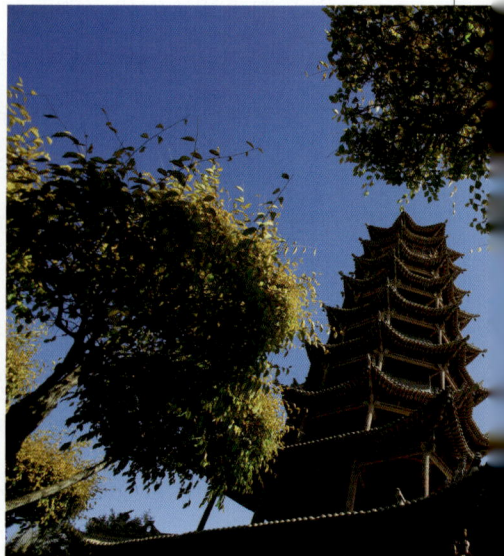

① ② ③

① 凉州会盟是西藏地方和中央王朝关系史的一个重大转折点，是"西藏纳入中国版图的历史见证"，不仅解决了青藏高原地区的和平归属问题，也促进了汉、蒙、藏等多个民族在政治、文化和宗教等方面的互相交流，影响了此后中国的政治格局和文化格局，在中国民族关系史上写下了浓墨重彩的一笔。

② 海藏寺历代有高僧讲经说法，据《安多政教史》记载，萨迦班智达在此处讲经说法，使海藏寺成为当时的圣地之门。图为张掖木塔寺。

③ 武威海藏寺创建年代不详，据清乾隆五十四年碑记载，"建寺当在宋元之间"。元朝时藏传佛教萨迦派第四代祖师萨班借到凉州之机，捐资扩建修缮了海藏寺等凉州四大寺，成为藏传佛教寺院。

白塔内装 10 万模制小塔，外表包饰青砖。灵骨塔周围环绕着高低不等的 99 座白塔。

由于没有发生大规模的战争，蒙、藏双方正常的生产和生活得到保证，经济也得到持续的发展。西藏僧俗各界保持与蒙古统治者的联系，有利于西藏地方局势稳定，人民安居乐业。这一正确而有效的政策后来为元世祖忽必烈所沿用，蒙藏关系得到进一步发展。1260 年，忽必烈继任蒙古汗位，为进一步加强与西藏的友好往来，立封八思巴为"帝师"，赐玉印"命统天下释教"，管理全国佛教事务。八思巴还成为隶属于元朝中央政府的西藏地方行政长官，并受命创制了以藏文为体式的官方"蒙古新字"，学术界称作"八思巴字"。

"凉州会盟"揭开了西藏历史发展新的

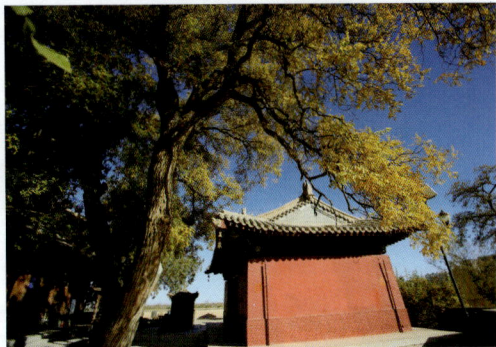

一页，为西藏纳入元朝中央政府行政管辖之下奠定了基础。此后 700 余年，明、清和民国政府均对西藏行使着完全主权，都把西藏划为中国的一个行政区域。1992 年 9 月 21 日，国务院发表了《西藏的主权归属与人权状况》白皮书，提出武威白塔寺是西藏纳入中国版图 750 多年的历史见证，是西藏正式纳入中国版图成为中国不可分割的一部分的历史实物见证。

如今的白塔寺，就在武威市凉州区武南镇白塔村，由于年代久远，真迹只有灵骨塔遗址。白塔寺是我国历史上民族团结的象征，重温历史故地，见证西藏归附，尤其是瞻仰萨迦班智达对祖国统一做出的巨大贡献，怎能不令人肃然起敬？

丝路"梵宫之冠"

漫漫丝绸之路，几乎沿途每一座古城都与佛教有着千丝万缕的联系，像一条在秋风中飘逸的黄丝带，缀满了秋天的灿烂。"梵宫之冠"——武威海藏寺便是其中最耀眼的一个。

海藏寺,始建于晋,距今已有1700多年历史。晋元帝太兴四年(321),凉州国泰民安,经济繁盛,人文荟萃。前凉太守张茂大兴土木,筑台建寺,台名灵钧台,寺为海藏寺。《晋书·张茂传》:"茂筑灵钧台,周轮八十余堵,其高九仞。"《武威文物概况》:"灵钧台:在城北五里的海藏寺,系前凉张茂所筑。"

海藏寺在历史上曾几兴几衰,但它最终的兴盛与流芳,与西藏藏传佛教萨迦派第四代传人萨迦班智达·贡噶坚赞有直接关系。1247年,萨迦班智达在与元朝阔端举行"凉州会盟"期间,捐资扩建修缮了海藏寺等凉州四大寺,成为藏传佛教寺院。尔后明、清又扩建翻修,殿宇宏伟,佛像庄严,成为丝绸之路上凉州乃至西北最有影响力的佛教活动道场、现存最为完整的千年宝刹圣地。

1227年8月25日,蒙古大汗成吉思汗死后,其子窝阔台继承汗位,把西夏故地、甘肃、青海等地域划给了次子阔端统辖。从那时候起,西凉王阔端就开始了与西藏统治集团的谈判,并将萨迦班智达请到了当时的凉州(武威)进行会盟,商定西藏归顺蒙古大汗的条款。

当时萨迦班智达在武威的驻地正是海藏寺。萨迦班智达在这座寺庙撰写了《萨迦班智达致蕃人书》,向世人宣布西藏正式纳入中央政府版图。从此,西藏真正成为中国领土不可分割的一部分。

萨迦班智达在凉州期间,筹资扩建和兴建了包括海藏寺在内的海藏、莲花、白塔、金塔四座寺院,使之成为凉州著名的四大寺;同时也使当年唐玄奘西天取经东归途中曾驻足译经的海藏寺焕发青春。至今萨迦班智达的遗骨依然埋葬在武威白塔之下,而莲花寺中主供的莲花女神正是萨迦班智达的妹妹。

有一个版本说"海藏寺"的名字来源于大乘佛教，因为佛经中说佛教的经典都藏在大海深处的龙宫之中。还有一个版本似乎更有说服力。萨迦班智达在凉州扩建兴建的四大寺，白塔寺叫幻化寺，金塔寺叫南灌顶寺，莲花寺叫西莲花寺，而海藏寺叫北大海寺。"大海"系佛教用语之一，藏语叫作"香嘉措岱"，译成汉语便是"海藏"。如此精准深奥的寓意，应该只有萨迦班智达这样的大智慧者才能做到。

寺院文保人员，为我打开了平时并不开放的灵钧台之上的无量殿，这是海藏寺最早的主体建筑，不仅建筑本身有重要的科学艺术价值，同时也因殿内藏有 6820 卷明版藏经（现存于武威博物馆）而闻名遐迩。殿内 16 个描金大柱上均书立粉对联，笔力浑厚雄健，文词清丽。"阙影身池塘，足下龟蛇低戏水；台灵高坎位，座旁旗剑上凌云。"形象地描绘了灵钧台当年的壮丽景色。

殿中还有两块清代古碑，其中一块记叙了雍正年间寺院住持际善法师独自一人拄杖托钵，沿路乞斋，艰难东行，经过 8 年的艰难跋涉到达北京，求得朝廷赐予的明版藏经 6820 卷，收藏于藏经阁的故事。这些经卷如今已成为海藏寺的镇寺之宝。

海藏寺迎面立有一木质牌坊，四柱三间，坊额高耸，古朴典雅，走马板上横书"海藏禅林"四个大字。海藏寺有三绝："海藏烟柳""灵台圣泉"和"明版经卷"。这牌坊便是海藏烟柳的诞生地。只可惜现在的牌坊前

早已不见了林荫的踪迹，这"海藏烟柳"只能留存于文字记载或人们的记忆深处了。

站在灵钧台之上放眼望去，一泓湖水碧波荡漾，沿河两岸秋色浓郁，婆娑垂柳，风摇芦苇。但真正打动和驻足我内心深处的不是这一幅深秋金灿灿的画面，而是萨迦班智达为国家大一统所做出的巨大贡献。

① 凉州（武威）鸠摩罗什寺，始建于后凉麟嘉元年（389）。凉国皇帝吕光册封鸠摩罗什为凉国国师，为安顿国师的身心，下令召募各地能工巧匠，大兴土木修建寺院，建好后命名为鸠摩罗什寺，是鸠摩罗什初入内地安身弘法演教之处，距今已有 1600 多年的历史。寺内雄立的罗什寺塔是为纪念鸠摩罗什而建，塔内供奉鸠摩罗什的舌舍利。

② "凉州会盟"的成果之一是产生和发表了《萨迦班智达致蕃人书》这一重要的历史性文件。它向历史宣告，向世界宣告：西藏从此正式划入蒙元版图，西藏属于中国。政教合一的萨迦地方政权对西藏的统治由此开始，西藏结束了 400 多年的分裂局面，正式纳入中国版图。中国的西南边疆，从此正式固定下来。

见证丝绸之路多元文化的交流和融合

008

古今丝路一眼千年

甘肃省张掖市·丝绸之路

虽然曾经多次去过张掖，但这次深秋时节重访张掖已是脱胎换骨，怀着虔诚，怀着敬意。在推进"一带一路"的进程中，张掖以极高的人文价值和审美价值令世人惊叹不已。

错将张掖认江南

遐迩闻名的丝路古镇"金张掖"，以汉武帝雄才伟略"张国臂掖，以通西域"而得名，处在古丝绸之路南北中三条线的黄金交会点上，成为中西文化交融互鉴的重镇。这片沃土见证了山包海汇的历史文化遗迹。

皇家寺院大佛寺、千古城池黑水国、隋代木塔、唐代钟楼、明代粮仓、清代总兵府……积淀了深厚的历史文化底蕴。"大禹导弱水于合黎""老子骑青牛入于流沙""周穆王西巡""张骞出使西域""霍去病西征""隋炀帝召开万国博览会""马可·波罗旅居甘州"等历史事件，更赋予这片土地神奇的魅力。

在现代丝绸之路经济带上，张掖又位于兰新双线、兰新高铁、G30高速共同构成通往西亚和中亚国家的大动脉上，独特的区位优势以及足够的历史长度和文化厚度，让张掖在丝绸之路经济带建设中意义非凡。

从中国地形上看，张掖正处于第一阶梯与第二阶梯的分界线、青藏高原与内蒙古高原的过渡分界段上。所以，站在张掖往南看是蓝天、白云、冰川、雪山，往北看是荒漠戈壁。七一冰川、七彩丹霞、冰沟丹霞、平山湖丹霞、山丹军马场、黑河湿地……丰富多

彩的地质元素，完全颠覆了人们对于大西北"大漠孤烟直，长河落日圆"的刻板印象。

张掖是绽放在大西北荒漠里的一朵"奇葩"，似乎是得到了上天的专宠，与荒凉、贫瘠无关，在"拷贝"江南水乡小桥流水、绿树成荫的柔美同时，还不忘将自身独有的雪山、沙漠、草原点缀其中，"塞上江南"实至名归。

而这一切，在很大程度上不得不归功于中国第二大内陆河——黑河。黑河从祁连山北麓奔腾而下，在张掖境内黑河冲积扇形成的三角洲上孕育出一大片湿地。它就好像是上天写给张掖的一首情诗，需要细细咀嚼，慢慢品味。《山海经》中记述黑河是西王母的领地，春秋时期的《禹贡》《周礼》等文献

①│③
 │②

① 张掖大佛寺是丝绸之路上一处重要名胜古迹群，也是历史文化名城张掖的标志性建筑。这里保存有全国最大的西夏佛教殿堂大佛殿、最大的室内木胎泥塑卧佛和最完整的初刻初印本《永乐北藏》，是集建筑、雕塑、壁画、雕刻、经籍和文物为一体的佛教艺术博物馆。

② 张掖大佛寺作为历代皇家寺院，与西夏、元、明、清王室关系密切，具有典型的宫廷建筑风格。寺院建筑群贯穿于东西走向的中轴线上，左右配殿呈对称式排列，整组建筑造型别致、布局严谨、主题突出、基调鲜明。

③ 张掖大佛寺主体建筑大佛殿是西夏建筑艺术的杰出代表，殿身由两层楼阁组成，平面构架工整规范，空间组合变换多端，给人以既潇洒自然又庄重深邃，既鲜明真切又朦胧空灵之感，体现了皇家"九五之尊"的气概。

上曾将黑河至居延泽的大片湖泊列为著名湖泊，称为"西海"。

从汉代开始，张掖的绿洲农业一直处于发展的前沿，为历代王朝所器重。唐朝武则天时代，甘州刺史李汉通就奉命在甘州屯田引种水稻。城北乌江的大米因光照充足，生长周期长，味道格外醇香，一度成为贡米，沿着丝绸之路远运长安。张掖有了"天下称富庶者无出陇右"的赞誉。

"一城山光，半城塔影，连片苇溪，遍地古刹。"这是旧地方志对古代张掖的描述。

75

民间则流传着"甘州不干水池塘"的谚语。旧时张掖城内外举步见塘，抬头见苇，家家泉水，户户垂柳，特别是城区北郊的沼泽湖滩，旧称"北湖"，芦苇蒲草成片相连，山泉湖水碧波荡漾，水鸟云集，鱼翔浅底，草木繁茂，荡舟水草之中尽赏四时美景。"不望祁连山顶雪，错将张掖认江南。"

秋天是张掖湿地最美的季节，激情挥洒迷人的绚烂，将储备一年的激情在这个季节突然迸发出来，每一片叶子都尽情舒展，每一个枝丫都挂满斑斓与金黄。

大片金色的芦苇在湛蓝的湖水中摇曳生姿，雪白的芦花在秋风中飘荡。清澈的秋水，自然也吸引了动物们的青睐。天鹅引颈顾盼，鸥鸟振翅翩跹。

金黄的芦苇，与湛蓝的天空和湖水形成了强烈反差，漫步栈道，蜿蜒曲折的河流镶嵌在湿地中央，移步换景，不论走到何处，河流、树木、蓝天、白云等总是追随着脚步，毫无遗漏地闯入视线，不慌不忙地变换着姿态，时而妩媚动人，时而纯白静美，仿佛走进一首大地谱写的情诗中。

丝路名刹大佛寺

当满载丝绸、瓷器、茶叶的驼队和客旅穿过狭窄的河西走廊来到丝绸之路十字路口张掖时，无不为张掖大佛寺那一眼千年的亚洲最大室内卧佛所打动。这明澈的眼神，见证了千年丝路的风云历史。

① ② 大佛寺正殿内塑释迦牟尼涅槃像，为全国最大的室内泥塑卧佛，身长 34.5 米，肩宽 7.5 米。木胎泥塑，金描彩绘，面部贴金，头枕莲台，侧身而卧，两眼半闭，嘴唇微启。右手掌展放在脸下，左手放在大腿一侧，胸前画有斗大"卐"字符号。梵文，意为"吉祥海云相"。造像精美，比例协调，线条流畅，神态自然，相貌祥和，栩栩如生。佛像两侧塑优婆夷、优婆塞立像各一尊，背面是十大弟子悼念举哀像。南北两侧塑十八罗汉群像，形态各异，形象生动。殿内东西两壁有取材于《西游记》《封神演义》故事的巨幅壁画。构图杂而不乱，形象跃然壁上。

③ 张掖大佛寺内建有牌楼式山门和四大天王殿、关祠殿、过殿、陪殿、厢房、卧佛正殿。正殿南为感应寺，北为金塔殿，后为藏金阁和土塔。

丝路重镇张掖古称"甘州"，自唐代安史之乱以后，一直是回鹘王廷 ——"牙帐"（为少数民族将帅所居的营帐，兼有首都的功能）所在地，史称甘州回鹘。到了北宋仁宗天圣六年（1028），以现今银川一带为中心建立西夏政权的党项人全面占领了河西走廊。为加强对这片区域的管理，西夏政权推行汉化政策，兴建寺院、翻译佛经。到崇宗李乾顺（1083—1139）统治时期，西夏国力鼎盛，张掖大佛寺就是这一时期的标志性产物。

大殿造型结构与故宫太和殿极为相似，巍峨壮观，斗拱交错，翘翼展张欲飞，曲线优美，雄浑威严。从室外进入大殿，光线瞬间变暗，眼前一片幽黑。当逐渐适应了殿内的光线之后，第一眼便是震惊，大佛横空出现在我的面前。其规模之大，影响之深，享誉整个西北地区。

大佛寺始建于西夏永安元年（1098），寺内安放有目前国内最大的室内卧佛——佛祖释迦牟尼的涅槃像。大佛安睡在大殿正中高 1.2 米的佛坛之上，佛身长 34.5 米，肩宽 7.5 米，耳朵约 4 米，脚长 5.2 米。大佛的一根中指就能平躺一位成人，耳朵上能容八位成人并坐。仰头望之，造像金装彩绘，

① 千年古刹张掖大佛寺与西夏、元朝皇室有着密切的关系。它是研究张掖历史文化、宗教文化和多民族融合的鲜活史书。大佛寺发现中国的古钱币和波斯银币，尤其是罕见而品相精美的波斯银币，成为丝绸之路对外贸易繁盛情景的有力佐证。

② 史载，西夏太后经常来大佛寺朝拜、居住。据传该寺为元世祖忽必烈降生地，忽必烈的母后别吉太后也曾在这里久居，别吉太后的灵柩曾寄放于寺内。南宋末年，宋恭帝赵㬎被虏后为避祸而出家于此。意大利旅行家马可·波罗被大佛寺的宏伟建筑和张掖的繁华所吸引，曾留居一年之久。大佛寺规模宏大，16世纪时寺内可容纳四五千人同时朝拜。

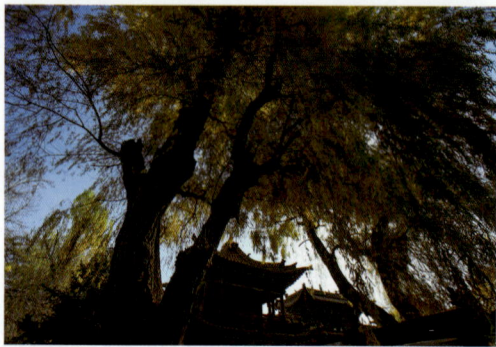

面庞贴金，头枕莲台，面西侧身而卧，双眼半闭，嘴唇微启。造像丰满端秀，姿态怡静安详。站在大殿内部的不同位置观察，大佛的神态表情都不一样。其看似双眼微睁，若欲呼喊，实则已然涅槃。

作为丝路名刹，西夏皇家寺院张掖大佛寺为何历经千年而独善其身？张掖除了早年间有零星的战争外，一直是水草丰美、战乱较少的大后方。作为河西走廊佛教东渐的必经之路和重要节点，中西交汇，民风开化，统治集团与当地百姓因佛教信仰的需求而

对大佛寺加以保护。

在历史上，大佛寺还与西夏、元朝王室有着千丝万缕的联系。据记载，笃信佛教的西夏太后常到大佛寺居住、朝拜，在此设道场，大作斋会。蒙古别吉太后曾住在大佛寺，生下大元帝国的开国君主——元世祖忽必烈。别吉太后死后，灵柩也停殡在大佛寺。南宋末年，宋恭帝被虏后为避祸而出家于此，转身成为一代名僧。元时，意大利旅行家马可·波罗来到张掖，被大佛寺宏伟建筑、精美塑像和张掖繁华兴盛所吸引，曾留居一年之久。

大佛的雕塑技法也独出心裁，属于木胎泥塑。相传，当时嵬咩独创了这种木胎泥塑的工艺。先是将大佛的造像框架用木头拼接完成，再以泥塑之外形，而内中空。一是为了减轻大佛的承重，二是在中空的大佛体内便于珍藏经书与珍宝。1966年在卧佛腹内发现石碑、铜佛、铜镜、铜壶、佛经等珍贵文物，现在大佛寺展馆陈列展出，尤其是罕见而品相精美的波斯银币成为研究大佛寺和西夏历史、探讨佛教东渐的重要历史文物，是曾经丝绸之路对外贸易繁盛的佐证。

大佛寺的镇寺之宝《大般若波罗蜜多经》依旧金光闪闪，彰显皇家之气，被称为价值连城的"国宝"。明正统六年（1441），钦差镇守陕西甘肃等处御马监太监兼尚宝监太监鲁安公王贵驻守甘州，奉英宗之命会集众多高僧大德与当地书画名流，历数十年岁月，经四五代努力，以寺藏御赐《北藏》为蓝本，用金粉书写，绫锦装帧了一部《大般

若波罗蜜多经》，共 600 卷。在殿后的藏经阁里，还藏有唐宋以来的佛经 6800 余卷，其中一部明英宗敕赐的《大明三藏圣教北藏经》为全国仅存的几部经书中最完整的一部。

除了卧佛以外，还有一个见证古丝路历史的文物就是大佛正后方的壁画。《山海经》和《西游记》是壁画的主要内容。尤以《西游记》故事最为生动与奇特，以连环画的形式讲述了唐僧师徒四人西天取经的故事。壁画中，唐僧坐于白龙马之上，沙僧牵着马，孙悟空一路游手好闲、消极怠工，而猪八戒却成了四人中最勤勤恳恳的一个，帮师父化缘取水，身兼探路先锋，一路挑着重担，有勇有谋，形象与吴承恩所写的《西游记》中完全不同。

这壁画并非是按照吴承恩的《西游记》所作，因为壁画的成画时间要比吴承恩写作的时间早了三个世纪。直到现今，张掖有很多地方的地名都与《西游记》中的地名完全相同或相似。如猪八戒随唐僧西天取经之前就是在高老庄娶亲成家的。这个高老庄，就在张掖。

一寺越千年

"睡佛长睡睡千年长睡不醒，问者永问问百世永问难明。"悬于大佛寺山门的这副楹联，似乎向世人暗示着千年以来大佛寺所蕴含的不为人知的秘密。这座寺院曾与两宋、西夏、蒙元和明等王室之间，或多或少有着扑朔迷离的故事，尚有不少历史悬案至今未有定论。

①②

①《西游记》故事壁画绘于大佛殿内卧佛身后的墙壁上，是该寺壁画中的经典之作。这幅壁画色彩斑驳，面积约 15 平方米，由若干个独立的故事组成。画面上有险山怪石、参天古木、奔流溪水、云雾缠绕、高山火海，反映的是"取水子母河""道昧放心猿""婴儿戏禅心""大战红孩儿""活人参果树""路阻火焰山""大圣拜观音""大圣闹天宫""观音收怪犼""大闹金兜洞"等故事情节。孙悟空、唐僧、猪八戒、沙僧、观音菩萨、红孩儿等人物形象刻画细致。壁画采取"通景散点式"构图法，用人、神、魔、兽、树、云、水、火、山、石等点缀其间，或动或静，或隐或现，或明或暗，极其传神。

②张掖南枕祁连山，北依合黎山、龙首山，黑河贯穿全境，形成了特有的荒漠绿洲景象。境内地势平坦、土地肥沃、林茂粮丰、瓜果飘香。雪山、草原、碧水、沙漠相映成趣，既具有南国风韵，又具有塞上风情，所以有"不望祁连山顶雪，错将张掖认江南"这样的佳句。

1028 年党项族控制河西后，"广延回鹘僧居之，演绎经文，易为蕃字"。自大佛寺建成后，西夏、元两代皆以寺为行宫，王族之中崇佛之风甚浓。史载："皇后亲王常出入其间。"

至 1206 年，成吉思汗统一蒙古后，多次向西夏发动大规模军事进攻。成吉思汗每次出征，光献皇后和众皇子皆随驾左右。四皇子拖雷奉命攻打甘州，王妃唆鲁禾帖尼也随同军中。至 1215 年（南宋宁宗嘉定八年，蒙古成吉思汗十年），王妃唆鲁禾帖尼随拖雷军至甘州时，正身怀六甲。每至甘州，王妃必赴大佛寺拜觐。据说她在大佛寺生下了第二个儿子忽必烈。王妃共生三子，长子蒙哥 1251 年登基，在位 9 年，后称元宪宗；次子忽必烈，1260 年登基即大汗位，1271 年称帝，定国号为元，在位 34 年，即著名的元世祖。

元世祖君临天下，唆鲁禾帖尼被尊为皇太后，上号"别吉"。厌倦了戎马疆场的太后久居于张掖大佛寺。数十年后，病逝于甘州。《甘州府志》载："别吉太后，世祖皇帝母也。初，世祖生于十字寺，追后定甘州，太后与在军中。后殁，世祖便于十字寺祭之。"忽必烈将母亲灵柩奉安于大佛寺，并定隆重的祭礼，合郡奉祀。

南宋末年，政局飘摇，外忧内患，加速了宋王朝的衰亡。咸淳十年（1274），度宗赵禥卒于临安，嫡子赵㬎继位，年号德祐。德祐二年（1276），即元世祖至元十三年，蒙古统帅伯颜率元军攻陷临安，俘获了全、谢两位太后及年仅6岁的恭帝赵㬎。五月，赵㬎被流放甘州，封瀛国公。及长大成人，忽必烈以公主嫁之，并令赵㬎返京入朝供事。

不久忽必烈心生疑心，决意杀赵㬎以绝后患。公主闻讯后助其星夜逃回甘州。为避杀身之祸，赵㬎遁迹空门，法号"合尊"，并迁居大佛寺。元仁宗延祐七年（1320），㬎妻在轮藏殿生下一男孩。时周王孛儿只斤和世㻋西巡甘州至大佛寺，并将男孩收为义子，改名妥懽帖睦尔，载母子同归大都。13年后，这个13岁的男孩继承皇位当了皇帝，称惠宗，又称顺帝。

顺帝在位36年。这时的元王朝已是极端腐朽，至正十一年（1351）终于爆发了红巾军起义。二十八年（1368）朱元璋部将徐达率明军攻克大都，顺帝北走应昌（今内蒙古属），又两年客死他乡。而那位南宋恭帝、瀛国公，即后来的合尊大师，却终日战战兢兢在张掖大佛寺度过了余生。

至明洪武二十六年（1393），朱元璋封第十四子原汉王朱英为肃王，二十八年（1395）就藩甘州。此后朝廷数次降诏维修大佛寺，并敕赐寺名为"宝觉"。正统十年（1445），英宗朱祁镇颁赐《大明三藏圣教北藏经》6000余卷给张掖，对大佛寺"恩宠有加"。历代明王室在大佛寺留有不少遗踪遗迹。

沧海桑田，物是人非。昔日不可一世的帝王皇族，今皆成为一抔黄土！唯有这座千年不朽的河西古刹，迄今仍熠熠生辉，令人称颂。秋天的艳阳和挺拔的秋枫将大佛寺染成一片金色，让人顿生崇敬之心。它的盛大，就在于它不仅是一座皇家寺院，更多的是一种文化的传承，一种精神气象的延续。

中国历史上一条水陆并行的东北亚丝绸之路

009

白山黑水尽头的漫漫长路

吉林省吉林市·丝绸之路

明永乐三年（1405）六月，明成祖朱棣（1360—1424）命三宝太监郑和率领200多艘海船、2.7万多人从南京出发第一次下西洋，远航西太平洋和印度洋，拜访了30多个国家和地区，"且欲耀兵异域，示中国富强"，开启了永乐盛世。

6年之后的1411年，大明朝的另一位宦官，海西女真人亦失哈也踏上了一条遥远的莫测征途，他将前往黑龙江尽头的奴儿干，"柔化斯民，宣示国威"。此后21载，亦失哈九上北海，这条漫漫长路在白山黑水间不断向前推进，沿着松花江走到黑龙江尽头的库页岛，再辗转抵达日本北海道，中国历史上又一条水陆并行的东北亚丝绸之路也由此走向辉煌。

长白山，东北之源

关于长白山天池，有一种说法流传已久，若要看到天池全貌，除了天气、运气、福气，据说还要看人品。为什么我对长白山情之所钟念念不忘呢？因为源远流长的长白山是东北文明的发源地，是中华文化的一个重要组成部分。因其特殊的地理位置和历史背景，蕴含着丰富的历史文化信息，呈现出鲜明的边疆性、民族性和国际性特点，是我国

① 长白山脉主峰位于吉林省东南部，是鸭绿江、松花江和图们江的发源地，是中国满族的发祥地和满族文化圣山。长白山脉的"长白"二字还有一个美好的寓意，即长相守，到白头，代表着人们对忠贞与美满爱情的向往与歌颂。长白山最早见于中国4000多年前的文字记载中，《山海经》称"不咸山"，北魏称"徒太山"，唐称"太白山"，金始称"长白山"。图为冬季在长白山赏雪踏冰的游客。

② 长白山为满族发祥地。长白山在春秋战国时期称"不咸山"，北魏时称"太白"；隋唐时称"白山""太白山"，辽金时，用汉语定名为"长白山"，并延续至今。历史上对长白山的不同称谓，反映了中华民族的祖先对长白山的认识，也反映了国家对长白山的领属关系。长白山是满族的发祥地，"不咸"之语出自满族先世，合乎满族及其先世世居此地的历史背景和长白山的独有特征。金朝女真人在东北建立政权，将长白山视为"兴邦之地""旧邦之镇"，先被封王，后被尊称为帝，并建立庙宇。保护区附近的一些居民至今还沿袭着许多满族的风俗习惯。

统一多民族国家形成与发展的重要物证。

第二天一早，天色有些阴沉，气温骤降到零下近三十度，雪虐风饕，天凝地闭。远山近水却呈现一种别样的壮美。茫茫群山在白雪的覆盖下若隐若现，萧瑟的树木在白雪的映衬下伟岸挺拔。整个山峦犹如一幅慢慢铺陈开来的水墨画卷。氤氲缭绕的白色雾气，为山山水水织就了圣洁的婚纱，那份洁白、那份无瑕，如一个待嫁的女子楚楚动人。

长白山地区自古以来民族众多，扶余、高句丽、渤海、东夏等地方民族政权和辽、金王朝的活动区域及文化都影响到现今的日本、韩国、朝鲜、俄罗斯远东等国家和地区，是汉唐时期东北亚地区文明发展的中心区域之一。

有的人贪恋春天的葱郁和灿烂，有的人酷爱秋天的多彩与绚丽，但有多少人懂得冬天的孤傲和圣洁呢？我暗忖：长白山到底有多白啊？或许白得似晶莹剔透的水晶，或许白得如一方纯净的玉石，或许白得像我痴它念它霜白了的头发。

长白山是满族的发祥地，历史悠久。同时，长白山文化又包含着延边朝鲜族的民族文化特色。长白山在春秋战国时期称"不咸山"，北魏时称"太白"，隋唐时称"白山""太白山"，辽金时，用汉语定名为"长白山"，并延续至今。

车进山了，寒风在我耳边呼啸而过。还好出发前我们已经按照攻略"武装到牙齿"，厚厚的户外服，高筒棉靴，羊绒围巾，毛线帽子，医用十六层的大厚口罩，就连单反相机也"穿"上厚厚的羽绒"外套"……

冰瀑以冬天特有的姿态，向我们展示了独特的壮美。它好像凝固了春、夏、秋三个季节一泻千里的狂热，如今凝结成了一排排、一重重悬挂的冰凌，仅在天豁峰和龙门峰间有一狭道池水溢出，飞泻成长白瀑布，这也是松花江的正源。顺着瀑布的方向望向远方，雪山巍峨，大气磅礴，蕴含无限传奇的长白山正在向我们招手。

正是历史上对长白山的不同称谓，反映了中华民族先祖对长白山的认识过程，也反映了长白山的历史足迹。长白山是满族的发祥地，"不咸"之语出自满族先世，合乎满族

及其先世世居此地的历史背景和长白山的独有特征。金朝女真人在东北建立政权，将长白山视为"兴邦之地""旧邦之镇"，先被封王，后被尊称为帝，并建立庙宇。在保护区附近的一些居民，至今还沿袭着许多满族的风俗习惯。

连续换乘了三次车，天池到了。这是中国最大的火山湖，也是世界上最深的高山湖泊。这时，风慢慢停了，薄雾渐渐散了，太阳突然出来了。天池就像一块瑰丽的碧玉镶嵌在雄伟的群峰之中。湛蓝的天空与冰雪覆盖的山峰相映成辉。绝没有想到，冬天的天池竟然美到盖世无双，美得多了一丝冷峻，多了几许缄默。

长白山文化是凸显东北地域特征的标志性文化，是中华民族"多元一体"文化的重要组成部分，是辐射、渗透、影响周边区域文化的代名词，是传统渔猎文化、游牧文

化、农耕文化和现代工业文明相互融合、相互激荡的复合型文化，是包括汉族、肃慎、秽貊、东胡四大族系在内的历史上各民族共同创造的融合型文化，是具有成长性、交互性、创新性、现代性的开放型文化。

走完这段奇妙的旅程已近日落，山下天然的露天温泉正是消解疲乏的不二选择。我把身子深深地淹没在温暖的池水中，迷迷糊糊间好像梦见了我在盛夏一泓碧水的天池中游泳。

"朝贡道"连接中原丝路

分明是雍容华贵的中国绸衣，在日本为什么被叫作"虾夷锦"呢？在北海道博物馆里，关于中国丝绸是这样描述的：这类丝绸织品被称为"虾夷锦"，是江户时代生活在北海道的"虾夷人"（阿伊努人）进贡给日本幕府的贡品。以渔猎为生的虾夷人不善织造，怎么会有如此精美的丝绸贡品呢？这些丝绸织品究竟来自何方呢？探寻丝绸的踪迹，一段不为人知的故事渐渐展开，一条意想不到的丝路慢慢浮现，它沿着松花江、黑龙江蜿蜒向前，跨过大海直至库页岛、北海道……

《三国志·魏书·乌丸鲜卑东夷传》载，早在汉魏时期，位于东北的扶余政权就与中原保持着紧密的贸易往来。到了明清两朝，东北亚丝路开始走向巅峰时期，从江南的苏州、南京等地开始，经过贯穿如今辽、吉、黑三省与俄罗斯远东地区的东北亚古道，以及松花江、黑龙江水道，夏行舟船，冬走狗爬犁，将中国的丝绸衣物运往黑龙江沿岸各处的村屯，用以交换朝廷与贵族所需的貂皮、参茸、东珠等东北山货奇珍，其中相当一部分贡物都是走抚松、临江到丹东呈给朝廷的。

白山市境内的抚松、长白、临江曾经也是鸭绿江朝贡道上的重镇，古代多元文化在

① 长白山脉是欧亚大陆东缘的最高山系，地处吉林省东南部，位邻中国与朝鲜边界。长白山脉是松花江、图们江和鸭绿江的发源地，其中松花江发源于长白山天池，生态意义十分重大。

② 长白山国家级自然保护区具有神奇古朴的自然风光和生态环境，资源组合性较好，山水与生态相伴而生、交相辉映。火山地貌景观神奇壮观，山水风光别具一格；动植物资源种类繁多、品种齐全；北国独特奇异的冰雪风光；火山矿泉、瀑布与河湖广泛分布；人文景观、历史遗迹和民俗文化风情独具特色。

这些地方碰撞、交融、积淀，留下了丰厚的文化底蕴和文化资源。抚松新安、抚松大营、松树永安、临江船营等是朝贡道上的重要驿站。漫江古道、六道沟冶铜遗址、干沟子秽貊族古墓、鸭绿江高句丽古城遗存、江源女真佟佳老营等无不彰显着朝贡道历史的印记和文明的脉络。鸭绿江水路，古称鸭绿道。

汉代至唐朝时期，扶余、高句丽、渤海等地方政权与中原王朝的主要水路交通线形成于汉末。这条水路线自临江乘船至今丹东入海后沿辽东半岛抵山东半岛，或经东海直抵长江口。因高句丽主要通过鸭绿道向中原王朝进贡，故史家称为"朝贡道"。713年，为了巩固和加强在东北靺鞨地区的统治，唐玄宗任命鸿胪卿（相当于现在的外交部部长）崔忻为"敕持节宣劳靺鞨使"，带领使节前往震国都城，以大祚荣所辖地区为忽汗州，册封大祚荣为忽汗州都督、左骁卫大将军、渤海郡王。这样在唐朝版图上又新成立

了一个行政区域——忽汗州。762年，唐朝诏令渤海为国，册封大钦茂为"渤海国王"。

通过鸭绿江朝贡道，大祚荣每年派遣使臣入唐朝贡，渤海国历代国王都得到了唐王朝的册封。渤海国向中原派遣的朝贡使团、王公贵族子弟数以万计，学习中原文化，学习先进的手工技艺，效仿中原礼仪。当时的渤海国使用的车乘、文字、语言、文书交流等都与中原相同，中原文化以前所未有的速度源源不断地传入东北，促使渤海国经济文化空前繁荣和发展，从而成为"海东盛国"。

唐贾耽在《古今郡国志》中记载，从渤海东京龙原府到新罗井泉郡（朝鲜咸镜南道的德源）中间有39驿。唐制15公里为一驿，全程585公里。这条交通路线峰峦起伏，关山险阻，是一条崎岖的交通线。渤海在几条主要交通干线上设置驿站，负责政令、军情的传递，往来官员、使者的接待，以及驿马的管理、车船保养等事务，而且建立

了"乘传"制度，由驿站为来往官员、使者提供"传马"或车辆。

北方贡物多是本土特产，包括珍珠、玛瑙、玉石、人参、虎皮、松子、昆布、中草药等，带回的多为陶瓷、丝绸、茶叶等。当时北土人士如能得到一方丝绸，就被视为一个高尚和见过世面的人，会被更多的人崇拜和敬仰。于是，丝绸就这样从南走到了北、从西走到了东，而这条路也被称为名副其实的北丝绸之路了。

唐以博大的胸怀接纳渤海使臣，使"朝贡道"完全连接着中原的丝绸之路，连接着长安。我国北方的河南、山东、辽宁、吉林、黑龙江就这样与丝绸之路的起点长安有了实质性的关联。在这条线路上，中国四大发明、儒学佛教等中华文化正是由鸭绿江朝贡道传播到了日本、新罗、东西伯利亚等地。圣人之庙至今在邻邦薪火相传，绵延不断。

这条丝路留下了东北先民北拓通古斯、

东渡日本海、南下朝鲜半岛的足迹，历经渤海、契丹、大辽、大金、元明两朝和后金、大清等政权所领属，直到清王朝封禁圣地长白山后，才被洪荒林莽所掩盖。

① | ②

① 图为冬季封冻的长白山天池。长白山是中国名山，因其诸多主峰多白色浮石与积雪而得名。天池自古以来就是中国的神圣领土，现为中朝两国的界山。为更好地保护和开发长白山，当地政府早在1960年就划定了长白山自然保护区，成立长白山保护区管理局，面积为196465公顷。它是地球上同纬度地带原始状况保存最好，物种最丰富，生态系统最完整的自然保护区。域内不仅有原始状态的森林，还有苔原、草甸、湖泊、河流、沼泽等，是亚欧大陆北半部山地生态系统的典型代表。

② 长白山天池四周奇峰林立，池水碧绿清澈，是松花江、图们江、鸭绿江的三江之源。从天池倾泻而下的长白飞瀑，是世界落差最大的火山湖瀑布，轰鸣如雷，水花四溅，雾气遮天。长白山大峡谷集奇峰、温泉、怪石、幽谷、秀水、古树、珍草为一体，沟壑险峻狭长，溪水淙淙清幽。其博大雄浑的风格和洪荒原始的意境，深深地震撼了旅游者的心魄。

中西方文化相互碰撞、理解、包容的见证

010

松花江畔的钟声

吉林省吉林市·丝绸之路

雾凇褪尽，暖意氤氲。冬日松花江北岸，红红软软的落日将最后一缕余晖映射在充满异国风情天主教堂哥特式钟楼高高的尖顶上，一群白鸽在此盘旋不止，敞开双臂的耶稣像望着满江霞光神情庄重。

千年丝路，传教之路

天主教传入中国始于唐朝，那时基督教的聂斯托利派传入中国后称为景教。它发展了少量信徒，也修建过教堂，但很快就消失了。这段历史在西安碑林第二室的《大秦景教流行中国碑》可作印证。此碑建于唐建中二年（781），景净撰，吕秀岩（吕洞宾）书并题额，作为研究中、西交通史的珍贵资料，是点缀在丝绸之路上一颗闪闪发光的宝石。

到了元朝，景教再次传入中国，罗马天主教也紧随其后，两教被统称为"也里可温教"。当时信徒发展至数万人，在元大都也建有教会团体和教堂。但元朝灭亡后，也里可温教也消失了。

上述两次传教路径是沿着陆上丝绸之路来到中国的。但第三次传教路径是沿着海上丝路殖民者的坚船利炮而来。第一位先驱者是圣方济各·沙勿略（St.Francis Xavier，1506—1552），西班牙人。他于1552年年初到达中国南部广州江门台山对面六海里的一个小岛——上川岛上，计划从这里进入中国传教，但没有获得成功。年底时沙勿略不幸传染上疟疾，高烧不退，去世时年仅46岁。他在上川岛的墓地现在已成为朝拜的圣地和海上丝绸之路的重要遗迹。

紧随"无畏的航海者"圣方济各·沙勿

略足迹来华传教的是意大利人利玛窦，明万历八年（1580）抵达中国之后，他秉承沙勿略的"适应"传教策略——强调在不同文明之间要相互适应而不是对抗。

利玛窦采取尊重并吸取中国传统文化的传教策略，得到中国统治者和士大夫阶层首肯。他还把介绍西方先进科技知识作为传教的辅助手段，终于使天主教在中国立住了脚跟。利玛窦和他的同道们把基督教信奉的"神"译为中国传统宗教观念中已有的"上帝""天""天主"，最后由罗马教廷定名为"天主"，所信之教为"天主教"。

清雍正年间，正教亦派教士来华；嘉庆年间，英国人马礼逊来华传新教；鸦片战争前后，新教各派纷纷传入中国，迅速扩展至中国广大城乡。

清康熙二十一年（1682），天主教首入东北。18世纪至19世纪初期，天主教在中国的传播遭受禁抑，除澳门等少数地区外，一度出现中断的景况，到道光年间才恢复。

清光绪二十四年（1898），法国巴黎天主教外方传教会神父兰禄业和古若瑟从沈阳来到吉林市传教，当时天主教东北教务分

① ②

① 吉林天主教堂位于吉林省吉林市松江路3号，吉林大桥北端附近，南临松花江。光绪二十八年（1902）购买了今天主教堂所占的土地，开始筹建天主教堂。从1917年动工，费时9年建成。

② 吉林天主教堂圣名"耶稣圣心堂"，为典型的哥特式建筑，主体由教堂和钟楼组成，平面略呈"十"字形。全部建筑为砖石拱形建筑，无木梁或木柱，砖用的是当地特殊烧制的长31厘米、宽25厘米的青砖，石料全是用自吉林城区东南10公里的阿什哈达采集的上等花岗岩，而后精雕细磨成各种规格的花纹石柱、石门楣、石窗台等。

冬日余晖下的圣殿

　　正处于修缮状态的天主教堂大门紧闭，虽然我与另外两位同伴都不是信众，李神父还是被我们不畏严寒渴望学习的精神所感动，破例为我们打开厚实的大门，为我们开启了一道圣殿之门。

　　吉林市天主教堂圣名"耶稣圣心堂"，位于吉林市松江中路上，坐北向南，面向松花江。这里与江城广场近在咫尺。江城广场是吉林市大名鼎鼎的街心广场之一，位于吉林市南北中轴线的吉林大道上。吉林大桥北桥头是一个环岛大转盘，环岛中央高台之上有一个雕像，一个壮汉正倾斜着身子，紧绷着双腿，拼尽全力摇动着一条大橹，迎风破浪在松花江中艰难前行。壮汉那结实的肌肉、强健的体魄展现了吉林人民与大自然搏斗的顽强不屈精神。这一尊青铜雕塑名为《激流勇进》。

　　这个环岛的西侧就是著名的吉林天主教堂，也是吉林省最大的教堂，与天津滨江道西开大教堂、哈尔滨索菲亚大教堂、广州石室圣心大教堂、青岛圣弥爱尔大教堂等被誉为中国最有特色的十大教堂。

　　如果用无人机从天上航拍的话，整个教堂平面呈"十"字形。教堂正面是三座塔楼，而中间的主塔楼更是建立在好几层的楼房之上。在这些塔楼每一层的下面都安排向上的轮廓光，三个塔尖之处更是辉煌无比。在主塔尖的最顶端是一个巨大的十字架，这里通过建筑与灯光营造出一种直刺苍穹仿

设南北两个教区：南教区主教纪隆统理奉天省（今辽宁省）的教务，总堂设在奉天（今沈阳）；北教区主教兰禄业统理吉林省和黑龙江省教务，总堂设在吉林市（原址位于粮米行东头，今北京路公安局西侧）。

　　光绪二十八年（1902），法国巴黎外方传教会购买了今天主教堂所占的土地约6400平方米，开始筹建天主教堂，出资并由法国人设计建筑图纸，中国奉天省盖平县穆工程师承包施工，1917年动工，费时9年，1926年落成。

佛升入天堂的感觉。

我们随着李神父进入金碧辉煌的教堂大厅。教堂通高 22 米，全堂由 16 根高 28 米、直径 0.5 米的圆形大石柱、石座支撑，雕以花纹图案。教堂穹顶为十字交叉单砖多拱结构，从屋顶上垂下来好几个巨大的水晶吊灯。教堂的 24 扇玻璃窗全安装用铅条镶嵌的彩色图案玻璃，上面绘有花卉和《圣经》的故事。大堂内还有 5 座祭台，其中主祭台为凿石雕刻而成，高台之上是圣主耶稣的塑像，做工细腻，雕工精致。四周墙壁上是展现宗教内容的壁画，总之给人一种肃穆庄严的感觉。

因吉林天主教堂的历史和人文价值丰厚，加上地理位置特殊，这里已成为吉林市一处百姓文化活动场所和对外文化交流的窗口。很多游人在大教堂前赏雾凇、拍婚纱照，享受岁月与阳光带来的快乐。我相信，修复

①

②

① 教堂高 22 米，全堂由高 28 米、直径 0.5 米的 16 根圆形大石柱支撑，教堂顶部是十字交叉单砖多拱结构，教堂的 24 扇玻璃窗全安装从法国运来的用铅条镶嵌的彩色图案玻璃，上面绘有花卉和《圣经》的故事。教堂正面开东、中、西 3 扇券门，从东门进去沿石质螺旋状楼梯可达 2 楼，再往上是木质阶梯，曲折通往钟楼。

② 吉林天主教堂建于光绪十七年（1891），由英国爱尔兰长老会传教士高积善创立。1931 年，吉林基督教青年会始建这所教堂。教堂前部有三座尖塔形建筑，中间塔尖高 42 米，是教堂钟楼，每逢礼拜日或天主教节日，教堂钟声传数里之外。

后的天主教堂将以更美更真的风采，成为松花江畔一道亮丽的风景线。

离开之时，太阳的余晖将天空染成一片金黄色，钟楼内悬挂的铜铸大钟发出阵阵鸣响，钟声悠扬悦耳，在松花江两岸久久回荡。

丝绸之路经济带北通道重要支点

011

布尔津河的波光

新疆阿勒泰布尔津·丝绸之路

当阿尔泰山迎来第一股来自西伯利亚的冷空气，峡谷中所有生灵似乎同时听到了秋的召唤，齐刷刷上演绚烂、耀眼、震撼、热烈的华美乐章。作为丝绸之路经济带上北通道的重要支点，全面开放的活力地带，阿勒泰这个连接中欧的战略要地再次繁荣起来。

"四国六方"商旅不绝于途

"阿勒泰"的名称来源于阿尔泰山，史书称为"金微山""金山"。阿尔泰在突厥语和蒙古语里都意为"金子"，因为这里的大山深处蕴藏出产丰富的黄金。公元前3世纪前塞种人驰骋于此地。其后裔匈奴人、鲜卑人、突厥人等先后统治过这里。

秦末汉初，中国北方部族匈奴兴起，本地区是匈奴右地。匈奴日逐王建立的僮仆都尉奴役压榨各国和新疆北部各部族，还经常侵扰西边塞，阻断丝绸之路贸易及使者交通。西域人民迫切要求摆脱匈奴压迫掠夺的痛苦。西汉顺应历史的潮流，团结西域各国并且派出精兵强将对匈奴作战，取得辉煌的胜利，于公元前60年建立西域都护府，取代匈奴政权僮仆都尉。西汉对匈奴的胜利是封建制农业国家先进的生产力对游牧畜牧业奴隶制落后生产力的胜利。自此蒙古高原西部的阿勒泰随之归入中国版图。

在阿勒泰，流传着"七十二条沟，沟沟

有黄金"的说法,阿勒泰是著名的黄金、有色金属产区。采矿业历来是当地的支柱产业之一。这里曾被视为"共和国高度机密",在20世纪70年代之前的中国地图上一直没有标注。这个地名为世人所知,是在1980年以后。所有秘密都缘自在额尔齐斯河的源头隐藏着一个与共和国命运息息相关的神秘大坑——三号矿坑,这个"世界最大矿坑"盛产目前世界上已知140多种珍稀矿物中的86种。

当时这里叫"代号111"。根据1964年的政府工作报告,当时中苏关系降温后,中国在1965年之前需向苏偿还本息共计52.9亿元人民币的债务。除了农副产品,苏联接

受矿石作为偿还品。正是这个形似"斗牛场"的可可托海帮助中国人民挺直了腰杆,几乎全靠着可可托海的矿石资源,中国还清全部的苏联债务。不仅如此,可可托海还为"两弹一星"立下了汗马功劳,因为出自三号矿坑的稀有金属锂和铍,直接关乎中国第一枚氢弹的研制成功与否,而"东方红一号"卫星的升空,也离不开三号矿坑中神奇的铯。

布尔津县的航运历史也有可圈可点之处。在20世纪50年代,每临夏天,额尔齐斯河的汛期一到,数十艘重吨位货轮从苏联逆流而上,运来汽油、柴油,或者面粉、方糖等日用品,卸在布尔津码头待转运。与此同时,再装上从可可托海运来的矿石、宝石,接上从各地收集来的畜产品,沿额尔齐斯河顺流而下,在与哈巴河交汇处出境,经斋桑湖,进入西伯利亚平原。

历史,常常于无声处照亮未来。两千多年前,张骞两次出使西域,拉开了中国同中

① 阿勒泰地区是中国西北唯一与俄罗斯接壤的地区,是丝绸之路经济带北通道和新疆参与中蒙俄经济走廊建设的重要节点城市,拥有4个国家一类陆路口岸。同时它也是新疆的相对丰水区,素有北疆"水塔"之称,还是全国六大林区之一,被国务院确定为水源涵养型山地草原生态功能区。图为喀纳斯湖。

② 可可托海,哈萨克语意为"绿色的丛林",蒙古语意为"蓝色的河湾"。可可托海镇有世界著名的"三号矿脉",被世界公认为稀有金属"天然陈列馆",有钽、铌、铍等86种矿产品。可可托海镇还盛产海蓝、碧玺、石榴石、芙蓉石、玉石、水晶等多种宝玉石。图为可可托海秋色。

① 禾木乡为中国西部最北端的乡。这里的禾木村是保持着最完整民族传统的图瓦人集中生活居住的地方，是著名的图瓦人村庄之一，也是仅存的 3 个图瓦人村落（禾木村、喀纳斯村和白哈巴村）中最远和最大的村庄。总面积 3 040 平方公里，全乡现有 1 800 余人，以蒙古族图瓦人和哈萨克族为主，其中蒙古族图瓦人有 1 400 多人，他们的木屋散布在山地草原上。

② 草原上的小木屋是图瓦人的标志，显得原始古朴，带有游牧民族的传统特征。小木屋有大半截埋在土里，以抵挡这里将近半年大雪封山期的严寒。房顶一般用木板钉成人字形雨棚，房体用直径三四十厘米的单层原木堆成，既保暖又防潮。

亚各国友好交往的序幕，同时也开辟出一条横贯东西、连接欧亚大陆的丝绸之路，自此"使者相望于道，商旅不绝于途"。今天，昔日的黄金故道重新在这片土地上焕发了青春，"一带一路"倡议正在这里编织出沿线国家深化交往的全新图景。

新疆是丝绸之路经济带的核心要地。在国家确定了"一带一路"构想，提出要打造北中南三大通道的蓝图后，阿勒泰作为丝绸之路经济带北通道上的重要支点，被不断提及和关注。阿勒泰地区的地域优势十分明

"最热词"，包括环绕阿尔泰山脉的中国新疆阿勒泰地区、俄罗斯联邦阿尔泰共和国和阿尔泰边疆区、哈萨克斯坦东哈萨克斯坦州、蒙古国巴彦乌列盖省和科布多省。如今，不仅"六方"在经贸、文化、体育、科技等方面的互惠互通越来越深入，一些和"六方"相邻的地区也参与进来，如蒙古国富藏焦煤的乌布苏省等。现在，在国家建设丝绸之路经济带的重大历史机遇期，阿勒泰地区正在重振草原丝绸之路的辉煌。

禾木村，"天下第一村"

在阿尔泰山中部喀纳斯湖畔，我国最大的图瓦人集居村落、素有"天下第一村"之誉的禾木村，深秋转眼间漫山遍野换上了金色的盛装，呈现一派令人陶醉的秋色。

凌晨时分，禾木村万籁俱寂，好梦正酣。清澈蜿蜒的禾木河，在皎洁的月色下泛着幽光，从村中缓缓流过，尔后在村西的白桦林中依依不舍地画出一道美丽的弧形，继续向西奔流，最后汇入滔滔的布尔津河。尽管禾

显：共有4个一类口岸，全疆其他地州没有；同时和俄、哈、蒙三国毗邻，全疆其他地州也没有；有3个机场，在全疆范围来说是很少见的。沿着阿勒泰地区的立体交通脉络，每个县市都处于边境位置，但每个县市又都处于开放的前沿。出吉木乃口岸就是哈萨克斯坦东哈萨克斯坦州，出塔克什肯口岸就是蒙古国科布多省，布尔津县和俄罗斯交界的口岸、哈巴河县与哈萨克斯坦交界的口岸，也都在申请开通中。

"四国六方"交流合作成为今天这里的

① ②
③

① 禾木草原位于布尔津县喀纳斯河与禾木河交汇区的山间断陷盆地中，禾木河自东北向西南贯穿其间，将草原一分为二。山地阳坡森林茂密，苍翠欲滴，马鹿、旱獭、雪鸡栖息其间；阴坡绿草满坡，繁花似锦，芳香四溢，蜜蜂在采花酿蜜，牛羊满山遍野觅食撒欢。

② 喀纳斯区域最美的秋色在禾木，层林尽染，绚丽多彩，一派迷人的广袤草原景色。

③ 禾木桥是禾木村的标志性建筑，历经百年喀纳斯冰川融水的冲击，朴实而厚重。凛冽冰凉的河水和禾木村一样简洁与纯净，满岸的绿色植被被水气滋润，叠落出厚厚而浓郁的葱茏。跨过禾木桥，河对岸是一大片白桦林，夕阳下充满诗意，仿佛尘世的一切烦恼都被抛诸脑后，只剩下自己。

木周围群山耸立，白雪皑皑，寒风萧瑟，可镶嵌于盆地凹陷处的禾木村，依然风轻云淡，波澜不惊，从容淡定。透过层层浓密的白桦林树梢，依稀可见村中密集的图瓦人木屋那三角形的尖顶。

拂晓时分，东方微白，禾木慢慢从沉寂中苏醒。三五座木屋的窗口，率先透出些许微弱的灯光，渐渐地在村中蔓延开来，星星点点，闪闪烁烁，恰似宇宙间深邃无际的星空。不一会儿，起早的牧民开始生火做饭，一缕缕淡淡的炊烟从木屋顶部的烟囱中袅袅上升。此刻，雾霭渐渐地稠密起来，弥漫缥缈，捉摸不定。村中木屋、围栏、毡房、草垛、树木、河流、道路……都在浮动的雾色中若隐若现。缘于禾木村独特的地理环境，白色的雾气始终在村庄、树林上方飘荡，逐渐形成一条绵长柔软富有质感的白色帛带，在山腰之间缠绵悱恻，不离不弃。此境此景，宛如仙境。

第一缕阳光首先照射在村庄周围耸峙的群山之巅，将青黛色的山体染成耀眼的金色。尔后，阳光慢慢地铺洒开来，把村子四周浓密的白桦林晕染成夺目的金黄色，好似"满村尽带黄金甲"。接着，阳光又透过村庄上空浮动的白色雾带，慵懒地倾泻下来，似乎非常不情愿地打扰这座刚从睡梦中睁开惺忪双眼的静谧村庄。在柔和的晨曦照耀下，木屋、毡房、围栏、草垛、树木在草地上拉出长长的影子，恰如谱写在大地上跳动的音符。

此时，整个禾木村进入了晨曲的高潮。狗儿在空旷的草地上撒欢，偶尔惊起的乌鸦群，从木屋上方迅疾掠过，即刻消失在远处的密林中。家家户户的牛羊马开始走出牲口棚，或在围栏中悠闲地踱步，或低头啃食还沾满晨露的新鲜嫩草。从木屋窗户中不时飘出包尔萨克、酥油奶茶的扑鼻香气，沁人心脾。村子阡陌之上，随处可见成群结队的牧民骑着马，驱赶着牛羊群，争先恐后地漫过村西的禾木桥，最终隐没在远处满目橙黄的草场之中。

在斜阳的映照下，朴实敦厚的禾木桥金光闪烁，这座带有大门的古木桥是禾木村的标志，也是外界进入这片圣洁之地的必经之处。历经百年的风吹雨打，桥上饱经沧桑的粗壮圆木，已褪去了昔日华丽的外表，露出木材天然的本色，更显庄重与自然。

落日时分，桥下湍急的禾木河水冲击着卵石，引得浪花四溅。河水湛蓝碧透，好似一坛烈酒，透出一股浓烈与甘醇。在禾木桥上凭栏远望，对岸山峦叠嶂，层林尽染。在夕阳的余晖下，成排的白桦林橙黄似金。疾风吹过，金色的树叶缤纷散落，将如茵的大地铺上一层绵厚的金色地毯，充满着诗情画意。

又到了牧归时分，清晨出村觅食的牛羊群，腆着滚圆的肚子，慢悠悠地重返禾木桥，轻车熟路回归自家的围栏兽棚中。高悬的太阳，从西边高耸的雪山顶上渐渐低垂，原先刺眼的阳光，也变得柔和起来。白云渐渐发红，不久霞光满天，金光四射，道道霞光肆意铺洒开来，给整个禾木村披上一层炫目的金红色。

待太阳落尽，村北山顶上一轮皓月在白云的衬托下半遮半掩，羞羞答答，悄悄地从树梢上升将上来。此时，白天奔腾不息的禾木河似乎也放慢了流淌的节奏。在阵阵微风中，马儿早已回到圈内，偶尔可见几只调皮

的小绵羊，还在围栏中徘徊驻足。

全村上方的炊烟，再一次悠悠飘浮。村民们都在各自家中张罗晚饭，刚才还在屋前草地上玩耍的孩子们，在父母的呼唤中也回到了餐桌。劳作了一天的图瓦人，斟满酒，端起杯，用甘醇浓烈的美酒来驱散疲惫。同时，他们也以美酒迎接四方宾客，放开歌喉，唱起了热情洋溢的《敬酒歌》：

刚煮熟的羊肉，

给灶膛里的火已祭过，

刚出锅的奶酒，

给毡房外的天已敬过，

双手举起这，

图瓦人酿造的琼浆玉液，

献给你，

四方的朋友，

远道的贵客，

祝福你，

吉祥幸福安康！

当银盘似的一轮明月高悬于夜幕之上时，白昼里喧闹无比的禾木村慢慢归于沉寂，再次进入甜甜的梦乡之中。

左图　白哈巴村被称为西北第一村和西北第一哨，位于新疆阿勒泰地区哈巴河县铁热克提乡境内，处在中国与哈萨克斯坦接壤的边境线上，距哈萨克斯坦东锡勒克仅1.5公里，有国防公路相通与哈萨克斯坦的大山遥遥相望。白哈巴是一个原始自然生态与古老传统文化共融的村落，至今完好保留着几百年来的原始风貌。村中居民以图瓦人为主。阿尔泰山上密密麻麻的白桦林与松树林一直延伸到白哈巴村里，村民住的木屋和圈养牲畜的栅栏错落有致地散布在松林和桦林之中，呈现一派安宁、祥和的景象。

卫兵，此刻，它们早已换上金黄的铠甲，排列整齐地延伸至白哈巴村里。图瓦人世代居住的木屋、圈养牲畜的栅栏和草垛，就这样错落有致地点缀在蓝天白云以及金黄、橙红的松林和桦林之中。

爬上村东头的山坡，找一个有树荫的地方躺下，晴空万里，天空蓝得惊人，白云仿佛擦着头顶滚滚而过，从远处山脉吹来的微风带着些许清凉的潮气，深吸一口气，满是青草的香味。四周静谧无声，只听得林中河水淙淙，河水来自高山雪峰，此刻正在这空灵的山谷中，自顾自地缓缓流淌，一个温柔的拐弯，推动着另一个温柔的拐弯，仿佛无穷无尽，从远古一直流淌到当下，就这么顺流而去，不知所终。

白桦林边的草原是天然的牧场，虽已不复盛夏的碧绿，却仍铺着一层浅黄一层草绿，星星点点的牛羊，悠闲地低头吃草、饮水，它们似乎看不到远处的雪山已白了头，仍自顾自地享受着这深秋温暖的阳光。渐渐地，牛羊的影子被拉得更长些了，本就不多

白哈巴，最后的净土

一条两百余公里的沥青路，从新疆布尔津出发，穿过喀纳斯湖一路向西北延伸，抵达我国西北边陲第一村——白哈巴。

白哈巴村位于阿尔泰山脉腹地。一进村，映入眼帘的就是村西那条涓涓流淌的碧河。哈巴在蒙古语里是"落差大，迭水高"的意思，白哈巴村的名字结合了汉语和蒙古语，寓意为"落差大的白色河水流过的村子"。阿尔泰山上的白桦林，像一排排军容肃立的

的游人也陆续地搭车离去，而此刻的白哈巴却仿佛一场盛大而无声的演出，在万籁俱静中拉开了它神秘的帷幔。

秋日的夕阳从山与山、林与林的间隙中斜射进来，远处的群山、白桦林、村口堆放的牧草、小木屋仿佛披上了一层薄薄的金纱。大自然用金色的画笔，将原本寻常可见的景物一一勾画出慑人的光芒。图瓦汉子策马扬鞭，赶着之前还闲庭信步的牛羊群有条不紊地往回走。女人们坐在院子里挑水、择菜准备晚餐，第一缕炊烟从木屋的烟囱里升起，不一会儿便融入了远处的雪山中。紧接着，家家户户的木屋都升起了炊烟，仿佛是提醒出门在外的丈夫，家里已准备好可口的饭菜，就等忙碌了一天的男主人回家。而此时，

也是村里的孩子们最快乐的时光，他们在放学的路上互相嬉戏、玩耍，在草垛里捉迷藏，采不知名的野花编成好看的手环。

白哈巴是个自然生态与古老传统文明相融合的村落，一切都还保存着几百年来固有的原始风貌，到了白哈巴村，一定要入住图瓦人的木屋。图瓦人会用整根原木垒砌、拼接成房屋的外墙和顶棚，再将屋顶搭建成"人"字形，除了防雪防灾，这两头通风的三角形地带还是天然的"储藏室"，用以保存图瓦人抵御漫漫严冬的风干肉制品和喂养牲口的饲料。

走进木屋，你会发现，小小的木屋被女主人打理得如同一间小型艺品馆，炕上铺着花毡，墙上挂着刺绣的帐幔壁毯，地中央是

精制的火炉，正煮着甜甜的奶茶……在图瓦人家里做客，不到半夜 12 点是没法吃好饭的，好客的图瓦汉子会端上香气四溢的羊肉接待远道而来的客人。新疆的大尾羊大概是全中国最好的羊，不需要过多的配料，撒点盐，不多时，已满屋飘香，咬上一大口，已炖得酥软的肉里满是鲜美的汁水，瞬间羊肉特有的香味便充斥着整个口腔，那种酣畅淋漓的口感一定会让你毕生难忘。吃完肉，再喝上一大碗图瓦人自酿的奶酒，一口口小酌在这里是行不通的，举起杯，就必须一干为敬。豪迈的图瓦人还会吹起民族特有的乐器"苏尔"，远古流传的音律仿佛把客人带回图瓦祖先第一次来到白哈巴的年代……

据传，当年被称为"上帝之鞭"的成吉思汗西征凯旋归来，途经阿尔泰山喀纳斯湖时，这位几乎征服了半个世界的蒙古帝国可汗当即感叹道："这才是人间的天堂！是神的眼睛注视的地方，理应属于最有权威的大汗！"于是，他留下近卫军团中的图瓦人部队驻扎下来，为他看守这片人间的天堂。就这样，这群"林中之子"一代又一代地在白哈巴繁衍生息，在口口相传中传承着这段迁徙的民族史。

黎明的白哈巴像贪睡的客人还没彻底醒来，一切都笼罩在淡蓝色的雾霭之中，村落显得格外得清新、安静，尘世的喧嚣和污浊都被高山挡在了外面。鳞次栉比的小木屋经过长时间的风吹雨淋，虽已褪去了原木的新鲜，开始变得暗淡、发黑，但仍散发出松

木的香味和古老的气息。

随着时间的推移，天边渐渐泛白，雪山上升腾着雾气，缥缈朦胧，远处的白桦林突然传来鸟儿清脆的歌声，笼罩在淡淡雾霭中的小村子开始明亮了起来。纵横的阡陌与栅栏边不时传来"哞哞"之声与马儿的嘶鸣。图瓦大娘走进厨房，不久便端出一道道热气腾腾的早点。勤劳的男人们又要赶着牛马出门放牧去了，不一会儿，成群的牛羊都从各家栅栏里姗姗走出……突然间一道金光洒下，太阳从高山背后跃了出来，接着无数道光芒像千万条金线照进美丽的白哈巴，顷刻间洒满了整片白桦林和小木屋。晨雾

① 深秋的喀纳斯湖，犹如置身于一块巨大的印象派油画大师的画布中，绘就出的一幅令人叹为观止的秋天童话世界。

② 布尔津县隶属阿勒泰，位于阿尔泰山脉西南麓，准噶尔盆地北沿。其北部和东北部与哈萨克斯坦、俄罗斯、蒙古国接壤，是中国西部两个与俄罗斯交界的县之一（另一个是哈巴河县），国界线长 218 公里，境内河流众多，是进出口新疆西北部两个边贸口岸的必经之地，是打开西北地区与俄罗斯经贸往来的重要通道。

108

被驱散，整个村庄完全苏醒了过来。和煦的晨光下，图瓦族的老人唱起了那首古老的图瓦歌谣：

我们属于远方
有自己的群山、木屋和炊烟
流水是长长的歌
驼鹿的眼睛就像我的爱人
这安宁，有时绊倒死神的脚步
当云彩擦亮天空
爱人啊，我们就搬到天上去住

图瓦人相信，白哈巴是被神庇佑的地方，而他们，是神选中的子民，世世代代守护着这片神的花园，最后的净土。（本节作者郑罗娜）

本图　阿勒泰地区历史悠久，早在新石器时期就有人类活动。历史上这里属漠北草原向西延伸的部分，地处亚洲东部与中部草原带之间；曾长期与蒙古高原西部、叶尼塞河上游和鄂毕河上游、塔尔巴哈台山北麓地区等，有长期的文明交流与互动，是中国北方游牧部族民族西迁东往的通道和生息、角逐之地。

佛教入华第一站，东西方四大文明初会之地

012

呼之欲出的宇宙之道

新疆阿克苏拜城 · 丝绸之路

在 2014 年 6 月联合国教科文组织世界遗产委员会第 38 届大会上列入世界文化遗产名录的"丝绸之路：长安—天山廊道的路网"中，有一处点位地理位置十分特殊，它是东西方文化西融东传极为重要的文化节点。其介于敦煌石窟和阿富汗巴米扬石窟之间，为"佛教进入中国第一站"，保留了东西方文明动人心魄的初会之美。这就是位于新疆拜城县克孜尔镇东南 7 公里明乌达格山悬崖之上的龟（qiū）兹克孜尔石窟，又称克孜尔千佛洞或赫色尔石窟。著名学者季羡林曾说："龟兹是古印度、希腊罗马、波斯、汉唐文明在世界上唯一的交汇地。"

佛教进入中国第一站

漫漫丝绸之路，最初的经贸活动不仅创造了财富，也为人员与商品的顺利通过建造了基础设施，促进了因贸易而孕育形成的众多民族之间的交流，传播了沿路的各种思想，并促使欧亚大陆两大文化，即定居农业民族与大草原游牧社会之间的深度融合。这种不同民族和不同文化背景之间的深度交

往，也促进了技术、艺术风格、语言、社会习俗与宗教信仰的交流与传播，使有些城市发展为重要的文化和艺术中心，龟兹就是其中的佼佼者。

库车为 2000 年前亚利安人建立的古龟兹国所在地。库车古称"龟兹国"，是我国古代西域大国之一，于公元前 176 年建国，公元 1001 年被回鹘（hú）所灭，其间存续了 1000 多年。龟兹国在汉唐之际是西域 36 国中的大国之一，其国土包括了库车盆地绿洲、赛里木绿洲、拜城绿洲、阿克苏绿洲、新和绿洲、沙雅绿洲和轮台绿洲，是古丝绸之路北道上的重镇。

古龟兹国位于塔克拉玛干大沙漠北缘，地处古丝绸之路的交通要冲。因地理位置的特殊性，当地居民的构成也比较多元：从人种上说，既有东方的蒙古利亚人种，也有西方的欧罗巴人种；从民族上讲，龟兹境内曾有羌、塞、月氏、乌孙、匈奴、突厥、回纥和汉人，但在漫长的历史长河中，他们都逐渐融合成了龟兹人。当地的语言与焉耆、高昌一带的语言相近，俗称焉耆龟兹语。龟兹本土的文字借重佉卢文者甚多，属婆罗米斜体字母。此外，汉文、粟特文也是流通文字。

早在公元 1 世纪，约东汉明帝时，佛教通过"丝路"从印度传入我国西域，龟兹地区产生了最早期的"西域佛教"，进而成为佛教传入中原的一个重要桥梁。在佛教兴盛的 3 至 6 世纪，各地纷纷凿石窟，绘佛像，建寺院，龟兹作为佛教传入西域的第一站，

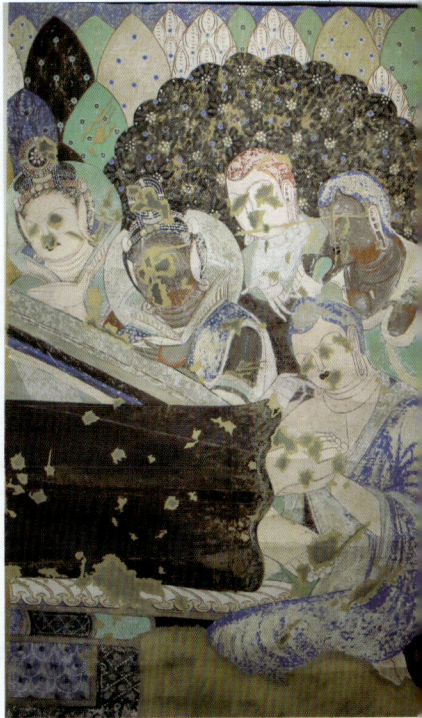

曾经"有僧万余人""佛塔庙千所"。时至今日，仍有大大小小 500 余座"龟兹石窟"如天星般散落在新疆各地，可谓数目惊人。

龟兹作为当时最重要的一个佛教中心，也是佛教进入中原的重要通道。唐代高僧玄奘到印度取经时也曾路过龟兹，他在《大唐西域记》如此描述龟兹当年的佛教盛况："伽蓝百余所，僧徒五千余人，习学小乘教说一切有部。经教律仪，取则印度。"

从公元 1 世纪到公元 13、14 世纪伊斯兰教代替佛教止，佛教在新疆兴盛了 1000 多年。公元 4 世纪，龟兹王国的佛教已很兴盛，不仅修建了很多装饰富丽、规模宏大的寺庙，还集中能工巧匠和著名画师等大兴土木建造气势恢宏的克孜尔千佛洞。

克孜尔石窟群修凿的年代开始于东汉，结束于唐末。历代龟兹王对这项工作都极为重视。公元 7 世纪，龟兹王国的佛教达到极盛，甚至连龟兹王宫都装饰得同寺庙一般。

① ② ③

① 我国现存所有佛教石窟中，位置最西、开凿时间最早、延续时间最长的大型石窟，是坐落在新疆塔克拉玛干大沙漠北缘的库车县西部，以其万余幅优美绝伦的壁画名震八方的克孜尔千佛洞。

② ③ 克孜尔千佛洞位于塔克拉玛干大沙漠北缘，地处古丝绸之路的交通要冲。随着公元 1 世纪佛教通过"丝绸之路"从印度传入我国西域，龟兹地区产生了最早的"西域佛教"，从而成为佛教传入中原的一个重要桥梁。在佛教兴盛的 3 至 6 世纪，各地纷纷凿石窟，绘佛像，建寺院，龟兹作为佛教传入西域的第一站，曾经"有僧万余人""佛塔庙千所"。时至今日，仍有大大小小 500 余座"龟兹石窟"如天星般散落在新疆各地，可谓数目惊人。

其间历代龟兹国王对克孜尔千佛洞石窟群的建造也没有停止。

节日期间，各佛寺都用珍宝锦绮把佛像装饰起来，然后载到彩车上，在城内街道上缓缓而行。上自国王、王后、贵胄、大臣，下至庶民百姓，都脱掉帽子，穿上新衣，赤着双脚，手拿鲜花出门迎接佛像。待佛像驾临，人人顶礼膜拜，个个焚香散花，仪式极为隆重。

克孜尔石窟前有一条四季奔流不息的大河，河水汹涌澎湃，波澜壮阔，中国古代高僧、大翻译家鸠摩罗什的铜像就耸立在石窟前的广场上，作为克孜尔石窟的代表人物，鸠摩罗什就出生在这里。他的母亲是龟兹王白纯的妹妹。他7岁出家，9岁跟随母亲到了北天竺，在名僧盘土多达多处学习佛经。12岁时，同母亲一起返回龟兹。龟兹王听说他回来了，亲自远迎，并专门为他造了金狮子座，以大秦锦褥铺之，并请他升座说法。西域各国国王一见他升座，都在他的座侧听讲。

公元401年，鸠摩罗什到了长安，后秦王以国师之礼款待他。从此，他就在长安国立译场逍遥园，从事佛经的翻译，与真谛、玄奘并称为中国佛教三大翻译家。他和他的弟子共译出佛经74部384卷，对中国佛教文化做出不可磨灭的贡献。

龟兹壁画，群芳之冠

在中国广袤的西部地区，尤其在新疆，有三种文化遗存具有鲜明的地域特征，那就是古城、石窟和墓葬遗址。石窟艺术作为佛教艺术的综合体，集建筑、壁画和雕塑艺术为一体，尤其灿烂夺目。

置身于雄伟的明乌达格山顶举目远眺，克孜尔千佛洞尽入眼帘：悬崖峭壁之上一个个石窟层层相叠，鳞次栉比，气势恢宏，宛

若佛国仙境。作为中国石窟之首，克孜尔石窟是中国开凿时间最早、地理位置最西的大型石窟群，大约开凿于公元3世纪，早于敦煌石窟三个世纪，在公元8至9世纪逐渐停建，延续时间之长在世界各国绝无仅有。因为地处世界四大文明的初会之地，造就了龟兹灿烂辉煌的石窟艺术，至今仍有10余处遗址得以保存，包括600余个佛教石窟，尤其以一万余幅优美绝伦的壁画惊艳世界。

爬上高高的木梯，洞窟就呈现在眼前。这里的洞窟分为两种：一种叫支提窟，是供僧徒礼佛观像和讲经说法用的；还有一种叫毗诃罗窟，是供僧人起居所用。壁画都绘在支提窟内。龟兹壁画的主要题材是佛传、因缘和本生故事，尤其是反映佛教经典的本生故事画，是克孜尔千佛洞的精华，在世界上堪称一绝。它不仅艺术水平高，而且数量也最多。它比敦煌、龙门、云冈三处石窟的总和还要多出一倍，在全世界实属罕见。

克孜尔千佛洞许多本生故事壁画都描绘在石窟的券顶上。与其他石窟艺术有所不同的是，它们大都采取单幅构图的形式，将券顶划分成许多的菱格，每一菱格绘一则故事。由于菱格的空间较小，卓越的画师采用最少量的人物和衬景，并选取最能概括故事内容的典型情节，将复杂的故事巧妙地表现出来，从而使每幅画面简洁而明快。

克孜尔7号洞素有"故事画之冠"之称，多达38幅的本生故事画就绘在四壁、窟顶、甬道、龛楣之上，色彩艳丽夺目。《猕猴王本生故事》，叙述了释迦牟尼前世为猕猴王时爱护群猴，最后舍身拯救猴群的故事。画面上，只见奔逃的猴群面临深涧，追捕的猎人引箭待发，猕猴王前后臂攀住深涧两岸的树干，以身为桥，引渡群猴。它身上有猴子奔驰，衰竭的体力很快将支持不住，却转面焦急地顾盼稚弱的小猴。这幅画把猕猴王舍生忘死，关心群猴安危的拳拳之情描绘得活灵活现。

①克孜尔壁画中的"飞天"，都是轻轻一笔笔便描绘出均匀的衣褶，又借助长长的飘带，表现出凌空飞舞、自由翱翔的意境，使得画面呼之欲出。有专家曾说："克孜尔千佛洞的'飞天'，同背上生着翅膀的古代欧洲的'飞神'——安琪儿相比，在艺术上更显成熟和浪漫。"

② 千佛洞壁画既有汉文化的影响，也有对外来文化艺术的巧妙接受，更多的还是古龟兹画师非凡智慧的体现。他们用粗犷有力的线条，一笔勾画出雄健壮实的骨骼，用赭红的色彩，突出丰满圆润的肌肤。

还有一幅格外引人注目: 画中一峰满载货物的骆驼, 昂首而立, 眼望远方, 驼前两个脚夫头戴尖顶小帽, 脚蹬深腰皮靴, 身穿对襟无领长衫, 正面向前方振臂欢呼。顺着他们招呼的方向, 看到脚夫前有一人, 两眼微闭, 神态自若, 高举着正在熊熊燃烧的双手, 为骆驼商队指引着前进方向! 这就是所谓"萨薄白毡缚臂, 苏油灌之, 点燃引路"的本生故事。撇开它的宗教色彩, 不难看出在当年的丝路上骆驼商队与佛教僧徒的密切关系。商贾、脚夫需要僧人为他们祈求平安, 僧人则不仅需要商队的货物与施舍, 还常常与庞大的骆驼商队结伴而行, 或西去印度求法, 或东行长安、洛阳传经。

早在公元前 1 世纪, 随着佛教的传入, 犍陀罗艺术和古希腊佛教艺术就传入了西域, 伴随着希腊化艺术的影响, 裸体和半裸体的风俗在整个西域发展起来。这种裸体风俗是当时女子的一种时髦装束。此外, 壁画还表明古时候西域盛行少女跳裸体舞的风俗。

克孜尔 38 号窟被称为音乐窟, 窟内左右壁的《天宫伎乐图》是集龟兹乐舞艺术之大成的一幅代表性壁画。伎乐图每组两人, 一男一女, 肤色一棕一白。或左舞璎珞, 右击掌; 或左弹阮咸, 右吹排箫; 或左托花盘, 右弹箜篌; 或左击答腊鼓, 右吹横笛; 或左吹觱篥, 右弹五弦琵琶……他们所奏的到底是哪一首古曲呢? 是《霓裳曲》还是《耶婆瑟鸡曲》? 或是未可知的上天之乐? 在《大唐西域记》中曾有记载龟兹"管弦伎乐, 特善诸国", 看来绝非虚言。龟兹石窟壁画乐器可达 18 种, 包括了印度、波斯、中原和龟兹本地系统的乐器，数量远远超过了印度石窟壁画里的乐器。如此排场的"天宫伎乐"其后更是直接影响了敦煌莫高窟等众多石窟。

克孜尔石窟除了大量表现佛教教义的画面，也有畜牧、狩猎、农耕、乘骑、古建筑、西域山水、供养人、飞禽走兽等真实写照，直观地反映了当时生产、生活和民间习俗的内容。175号洞中心柱右面的通道里，有两幅著名壁画。只见两头膘肥体壮的老黄牛，低头甩尾，合抬一根木杠奋力向前拉犁。犁后的农夫一手举鞭，一手扶犁，正聚精会神地犁地。与这幅"二牛抬杠"图毗邻的还有一幅"耕作图"。头顶小帽、身穿短裤的农夫，手持一把"砍土曼"作向下用力刨土的姿势。这种二牛抬杠耕地图和解放初新疆农村犁地的情景一模一样。

克孜尔石窟壁画的艺术风格，既有汉文化的影响，也有对外来文化艺术有选择地巧妙接受，更是古龟兹画师非凡智慧的体现。他们用粗犷有力的线条，一笔勾画出雄健壮实的骨胳，用赭红的色彩烘染出丰满圆润的肌肤，轻轻一笔画出布置均匀的衣褶，又借助一条飘曳的长带，表现出凌空飞舞自由翱翔的意境，使人一看到那些"飞天"，便有"天衣飞扬，满壁风动"之感。克孜尔千佛洞的"飞天"，同背上生着双翅的古代欧洲的"飞神"——安琪儿相比，在艺术上显得更成熟，更为浪漫。

这里的壁画不是画在涂白的泥壁上，而是往泥壁上直接作画。既采用了有覆盖的矿物颜料，也使用了透明的颜料。着色方法不但有平涂的烘染，而且有水分在底壁上的晕散。这种具有独特风格的"湿画法"，也称凹凸画法，史学界认为它是古龟兹国人的一种创造，是绚丽的石窟壁画园地里最鲜艳的一枝花朵。

当年画匠们用天然的矿石研磨成粉末当颜料作画。其中最美丽、最昂贵的便是那来自1 500公里之外阿富汗叫作青金石的宝石。青金石的蓝色光泽，好像海洋碧波，又似宇宙星空，而且永不褪色。历经千年的时光，虽然红色的朱砂已被氧化成了黑色，然而青金石的蓝、绿铜矿的绿、白石灰的白，依然鲜艳夺目。

龟兹之美不仅是中国的，更是世界的。虽然历经尘劫，千疮百孔，然而即便是残存的伎乐飞天，只要看上一眼，依然可以感受那呼之欲出的力量与自由。这是一种自由的精神，大美之所在，真正的艺术，更是人生与宇宙之道。

① ②　①②克孜尔石窟大约开凿于公元3世纪，在公元8—9世纪逐渐停建，延续时间之长在世界各国绝无仅有。这里的壁画不仅包括飞天、伎乐天、佛塔、菩萨、罗汉、天龙八部、佛本生故事、佛传故事、经变图画，而且还有大量的民间习俗画：古时的生产和生活场面、西域山水、供养人、飞禽走兽等。这些古龟兹国画师们的宏篇巨作，主要记录着大约从公元3世纪到公元13世纪新疆地区历史现实生活的图景，为研究古代西域的政治、经济、文化、军事、民族、民俗等情况，以及中西经济、文化交流情况，提供了珍贵的形象资料，具有很高的科学和艺术价值。

古丝路上中华多民族文化融合的丰碑

013

荒原中的独家记忆

宁夏银川市·丝绸之路

这里寸草不生，也不落鸟，孤寂掩没了一切。摇摇西坠的最后一抹落日余晖铺洒在这呈北斗七星图案的"东方金字塔"——西夏王陵之上。历史，并没有在滚滚黄尘中灰飞烟灭。西夏，这个由党项民族建立，曾与宋、辽、金抗衡的政权，在丝绸之路中国西部存在了近两个世纪，在巩固中国大西北疆域安全和中华多民族团结交融的同时，也为中西方文明交流互鉴作出了突出贡献。

西夏，多民族的统一体

1938 年，一位德国飞行员将他在中国航拍到的相片整理成《中国飞行》一书，其中在银川拍摄的照片中惊现了规模宏大的垒土建筑，西夏王陵重新进入世人的视线。

从 20 世纪 70 年代开始，中国国家文物主管部门正式开始对西夏王陵的考古发掘，神秘的西夏王朝疑团渐渐浮出水面。

作为中国中古时期的一个王朝，西夏位于丝绸之路要道，作为黄河流经地区，同样孕育了古老悠久的黄河文明，为中华文明的发祥地之一，历史上曾是东西部文化经贸交融互鉴的战略"中转站"。这个由党项族拓跋氏李元昊于 1038 年建立的王国，统治着今天宁夏、甘肃、陕西北部、内蒙古西部和青海东部等广大地区，形成了与宋、辽鼎足而立的局面，被称为宋代三国。

令人疑惑不解的是，就其在鼎盛之时却被兴起于蒙古的成吉思汗及子孙所灭。神奇的西夏王国以及西夏文化却在一夜之间神秘地消失。甚至于元朝"贤相"脱脱主持修史

① 西夏王陵又称西夏帝陵、西夏皇陵，是西夏历代帝王陵以及皇家陵墓。王陵位于宁夏银川市西，西傍贺兰山，东临银川平原，海拔 1130 米至 1200 米之间，是中国现存规模最大、地面遗址最完整的帝王陵园之一，也是现存规模最大的一处西夏文化遗址。

② 西夏王陵营建年代约自 11 世纪初至 13 世纪初。西夏王陵受佛教建筑的影响，使汉族文化、佛教文化、党项族文化有机结合，构成了我国陵园建筑中别具一格的形式。它承接鲜卑拓跋氏从北魏平城到党项西夏的拓跋氏历史。

工作时，只分别编撰了《辽史》《金史》和《宋史》，却唯独没修《西夏史》。人们只能从西夏王陵、拜口寺双塔、承天寺塔等为数不多的西夏遗存中，寻觅大夏国的蛛丝马迹。

西夏曾统辖的地区，自唐朝后期至五代、宋初一直是多民族、多政权争夺的要地，动乱不已，生产力遭到严重破坏，人民生活在动荡不安的社会之中。9 世纪末，党项族迁徙到这里，逐步形成了势力较大的夏州政权。至五代时期，夏州党项政权在藩镇的斗争中势力逐渐强大。宋咸平五年（1002）党项族首领李继迁抗宋自立，进一步扩大势力，攻取了灵州（今宁夏灵武）。李继迁子李德明占领整个河西地区，确立了西夏的基础版图。

李德明子李元昊 1038 年正式建国后，采取积极措施，大力发展经济和文化，大大提升了这一原本相对落后地区的生产力和科学技术水平，文化事业日臻昌盛。因为经济文化社会的长足发展，确立了西夏在中国历史上的地位，虽然王朝仅存在了 190 年，但西夏人却创造了光华夺目的文明。这种具有民族和地方特色的西夏文化，是党项族、汉族、藏族、回鹘族等多民族文化长期交融、彼此影响、相互吸收而形成的一种多来源、多层次的文化。

西夏主体民族是党项羌，皇族原为拓跋氏，唐朝被赐李姓，宋朝被赐赵姓，后改姓嵬名氏。西夏作为当时中国第三大势力，称霸西北，对当时中国历史的发展和各王朝之间的关系产生了重要影响。西夏境内各民族势力大体均衡。党项族位居主体，在政治、军事上占有优势；汉族人数众多，在经济和文化等方面优势明显；藏族和回鹘虽势力较弱，但在宗教的传播和牧业上也有强项。这种格局使各民族的力量保持了相对均衡。

西夏法典承认多民族共存，实行了较为和缓的民族政策。在西夏境内，各族人皆可以担任官职，官职排序以职位高低为准，不以民族划线，只是在职位相同时才以党项族为先。西夏对各民族没有采取明显的压迫政策，没有像契丹、蒙古把各民族划分成高低不同的等级。

西夏时期，各国之间也有相对和平时期，特别是西夏的仁宗朝，对外大体上保持和好，是对外民族关系相对稳定的时期。西夏法典规定，与沿边异国西番、回鹘、鞑靼、女真要"相和倚持"。西夏时期境外各民族

交流频繁，这使西夏的经济、文化呈现出各民族互相学习、互相吸收、互相融汇、共同发展的局面，使主体民族党项族在生产、生活上逐渐出现了汉化倾向。

维系丝路百年繁荣

西夏王陵曾出土一座体型硕大的卧式鎏金铜牛，重 188 公斤，模制浇铸成型，外表通体鎏金，造型生动传神，堪称稀世的国宝级艺术珍品，这充分印证了当时西夏锻冶技术的高度发达。榆林窟第 3 窟西夏壁画中有一幅《锻铁图》，所绘锻铁炉鼓风用的竖式双木扇风箱，可连续鼓风，用以提高炉火温度，是当时颇为先进的鼓风设备。西夏

制造最多、质量最好的铸造品是刀剑之类的铁制武器。宋朝太平老人作的《袖中锦》中，明确列入夏国剑，甚至宋朝皇帝也随身佩戴夏国宝剑。

西夏地处中国与中亚地区往来的要道，当时掌控河西走廊，管理西域与中原的贸易往来，与北宋、辽朝、金朝、西州回鹘及吐蕃诸部都有频繁的商业贸易。西夏从回鹘或中亚商人那里抽取实物或承买转卖，从中获取厚利。为了便利交通，夏国还修筑驿道，通贯全境。东西二十五驿，南北十驿，从兴庆府（西夏国王城，今宁夏银川）东北行十二驿可至契丹（今内蒙古赤峰境内），驿道的兴修大大便利了商业的发展。

因为当时西夏国内只盛产畜牧，对于粮

②
①

① ② 西夏（1038年—1227），是中国历史上由党项人在中国西北部建立的一个政权，自称邦泥定国或大白高国、西朝。因其在西方，宋人称之为西夏。前期和辽、北宋，后期与金朝并立。历经十帝，享国189年。从881年李思恭任定难军节度使起，李氏政权共计346年。左图为西夏王陵博物馆部分展现西夏艺术的雕塑和壁画藏品。

食、茶叶与部分手工品的需求量很大，所以对外贸易是西夏经济的命脉之一，主要分为朝贡贸易、榷场贸易与窃市。西夏国内的城市商业十分繁荣，兴庆、凉州、甘州、黑水城都十分兴盛。商品以粮食、布、绢帛、牲畜、肉类为大宗。

当时西夏国从宋、金取得的商品主要有缯、帛、罗、绮、香药、瓷器、漆器、姜、桂等。

茶叶是西夏国最感兴趣的商品之一，它除了供西夏人自己消费之外，还用来与西北其他部落进行交易，牟取厚利。西夏国输出的商品有羊、马、牛、骆驼、盐、玉、毡毯、甘草、蜜、蜡、麝香、毛褐、羱羚角、硇砂、柴胡、苁蓉、大黄、红花、翎毛等。其中以牲畜、毛皮制品和毛纺织品为大宗。

盐州（今宁夏盐池县）一带的盐湖中还出产上好的青盐，品质纯净，略带青绿色。西夏国从盐湖中取得盐粒后，运往关中，满足内地百姓生活所需的同时，再购回粮食等生产必需物品。

西夏，多元复合的文明

地处丝绸之路，西夏文化深受汉文化、印度文化、西方文化等诸多文化的浸润，在中国历史上创造了不朽的业绩。西夏文化是中华民族文化的重要组成部分，是多民族文化交融的结晶，是中华民族历史文化辉煌的一章，焕发出耀眼夺目的光彩。

西夏域内地形、气候等自然条件复杂多变，既有河套平原、河西走廊盆地中的冲积平原，又有黄土高原，也有多处山地和沙漠地区。西夏居住的民族也呈多样化，西夏社会的生产、生活形成了多元素、多类型、多层次的状况。西夏境内各民族文化相互影响、相互交织、相互渗透，形成了交融互鉴的混合状态，创造出颇具特色的多元复合型文化。

注重弘扬党项族传统文化的西夏，同时兼收并蓄、吸收其他民族文化的精华，其中汉文化和藏文化的烙印最为明显。创制西夏文是西夏文化发展史上划时代的大事，是党项族走向文明的重要标志。西夏文因文字性质与语言相互匹配，具有实用性和艺术性，应用范围宽广，延续使用了四百多年，文献存藏非常丰富，在中国少数民族古文字中占有突出的地位。

西夏翻译了很多儒学书籍，保存至今的西夏文《论语》《孟子》《孝经》《贞观政要》等，是现存最早的少数民族文字儒学经典著作。此外还有西夏文兵书《孙子兵法》、类书、《类林》等。

《番汉合时掌中珠》是一部西夏文和汉文合璧的工具书，其中每一词语都有四项，中间两项分别为西夏文和相应意义的汉文，左右两项分别为中间西夏文和汉文相应的译音字，是一部蕃、汉民众学习对方语言、文字的通俗著作，显示出颇具独创性的编辑能力和水平，在辞书编辑、出版史上意义非凡。

北宋毕昇发明活字印刷术，开创了印刷史的新纪元。但这项发明在中原地区并未广泛流行，而在存世的西夏文文献中，却发现了一批泥活字印本，证明西夏较为广泛地应用了泥活字印刷技术。这些泥活字印本可断代为 12 世纪版本，是目前世界上现存最早的活字印本，比元代王祯应用木活字印刷约早 1 个世纪，又一次改写了世界印刷史。在西夏文献中还发现有 1211 年汉文活字版历书，是目前所知最早的有确切年代的汉文活字印刷品，填补了汉文早期活字印刷品的空白。

西夏崇宗李乾顺（1086—1139）重视文

① 西夏疆域范围在今宁夏、甘肃、青海东北部、内蒙古西部以及陕西北部地区，占地两万余里。西夏文化深受汉族河陇文化及吐蕃、回鹘文化的影响。并且积极吸收汉族文化与典章制度。发展儒学，宏扬佛学，形成具儒家典章制度的佛教王国。

② 西夏立国前夕，夏景宗为了建议属于本国的语言，派野利仁荣仿照汉字结构创建西夏文，于 1036 年颁行，又称"国书"或"蕃书"，与周围王朝往来表奏、文书，都使用西夏文。文字构成多采用类似汉字六书构造，但笔画比汉字繁多。西夏文创制后，广泛运用在历史、法律、文学、医学著作，镌刻碑文，铸造钱币、符牌等也都使用西夏文。

教，大力发展儒学，建立学校，设立培养人才的养贤务，在文化史上开创了划时代的意义。其子夏仁宗李仁孝（1139—1193），提倡文教，实行科举，修订律令，校印佛经。他重视以儒治国，尊孔子为文宣帝。自汉武帝至清康熙的一千七百多年间，西夏崇宗和仁宗是在位时间较长的皇帝，他们都各自在位 54 年。而父子两人连续在位 108 年，创造了中国的历史之最。这也反映出当时西夏在一个

①② ①西夏博物馆坐落在宁夏银川市贺兰山东麓西夏王陵境内，是中国第一座以西夏王陵为背景，比较全面系统反映西夏历史的专题博物馆，珍藏有西夏文物3000多件，无不体现出西夏悠久的历史和灿烂的文化，反映了古代西夏人民高超的艺术成就和聪明才智。

②银川地处中国西北地区、宁夏平原中部，东踞鄂尔多斯西缘、西依贺兰山，黄河从市境穿过，是古丝绸之路商贸重镇，宁夏的军事、政治、经济、文化、科研、交通和金融中心，宁蒙陕甘毗邻地区中心城市，沿黄城市群核心城市，中蒙俄、新亚欧大陆桥经济走廊核心城市，是国家向西开放的窗口。图为中国西北方宁夏回族自治区最大的清真寺之一，位于银川老城的南关清真寺。

世纪的时间内，保持了中国西北一方的安定。

西夏最初是游牧部落，佛教在1世纪东传凉州刺史部以后，该地区的佛教逐渐兴盛起来，在西夏建国后开始创造自己独有的佛教艺术文化。内蒙古鄂托克旗棋盘井境内的阿尔寨（百眼窑）石窟寺，是西夏佛教壁画艺术的宝库。西夏时期兴建了大量的佛塔与佛寺，以银川的承天寺塔最为出名。在内蒙古额济纳旗黑水城中还发现了西夏文佛经、释迦佛塔、彩塑观音像等。

西夏时期对敦煌莫高窟的兴盛也起到了巨大作用。1036年西夏攻灭归义军政权之后，占领瓜州、沙州，领有莫高窟。从夏景宗到夏仁宗，西夏皇帝多次下令修缮莫高窟，体现了中原文化与畏兀儿、吐鲁番文化的交融互汇，为莫高窟更增添了几分光彩。

西夏王朝没有经受住蒙古骑兵的六次大规模军事进攻，终于在1227年灭亡。但西夏人的不屈顽强，沉重打击了蒙古骑兵的傲慢与雄心。南宋宝庆二年（1226）二月，成吉思汗在第六次征战西夏时病死在了军中。可能正是因为成吉思汗的死，导致了蒙古人采取了种族灭亡政策对待亡国的西夏人，连续的屠城和烧杀劫掠，焚毁西夏文化典籍与建筑，将大量人口当做奴隶，几乎把一个王国从地球上抹去。其中也包括对西夏王陵的毁灭性破坏。

西夏王陵和西夏文化，随同他们的历史一起被漫漫岁月吹散，消失在茫茫的西北大地上。

014

丝路古道的须弥灵光

宁夏固原市·丝绸之路

当我风尘仆仆来到宁夏固原黄铎堡乡一个关山对峙、峡口逼仄、深沟险壑、奇峰高耸的地方，顿感佛气升腾、气势不凡，这就是古丝绸之路东段北道著名的石门天堑。从沉入谷底的丝绸之路故道，向西边嫣红雄峻的山崖仰望，只见大大小小的石窟几乎占据了整个山麓，铺展一幅壮丽无比的古丝绸之路山水风情画卷。

丝路古道的须弥之光

如果在敦煌石窟和洛阳龙门石窟之间画上一条直线，你会惊奇的发现，固原正好处在这条直线的中间位置。从东晋十六国前秦所开凿的敦煌莫高窟，到十六国后秦的固原须弥山石窟，再到北魏时期的洛阳龙门石窟，那正是佛教石窟艺术进入中原所走过的一条"路线图"。

中国石窟的开凿与佛教的传入密切相关。佛教自东汉时期传入中国，它的"生死轮回说""众生平等说""求得佛根涅盘来解脱苦恼"等学说，逐渐成为民众的精神寄托。到了南北朝时期，佛教已经成为全国上下争相崇信的"国教"。

此时，全国开窟造像蔚然成风，皇室运用国力开凿了著名的云冈、龙门石窟，各地竞相仿效。仅河西走廊一带的主要石窟就有敦煌莫高窟、安西榆林窟、武威天梯山石窟、永靖炳灵寺石窟、庆阳北石窟、泾川南石窟，以及天水麦积山石窟等。

固原自古以来就是中原通往河西走廊、大漠南北的交通枢纽和战略要地。丝绸之路开通之后，这里又成为丝绸之路东段北道的必经之地，是由长安到西域最短的捷径之一，须弥山石窟在这个时期横空出世。

须弥山是佛教典籍中的专用术语，通常认为是宝山的意思。佛教经典中所说的须弥山高大无比，是神仙居住之地，而且有日月环绕。相传此山非常高，山顶为帝释天，四面山腰为四大天王所居，四周为七香海、七香山，第七金山之外有铁围山围绕的咸海，咸海四周还有四大部洲。

敦煌、云冈等石窟中，许多佛教造像和绘画都以须弥山为题材，以此来表示天上的

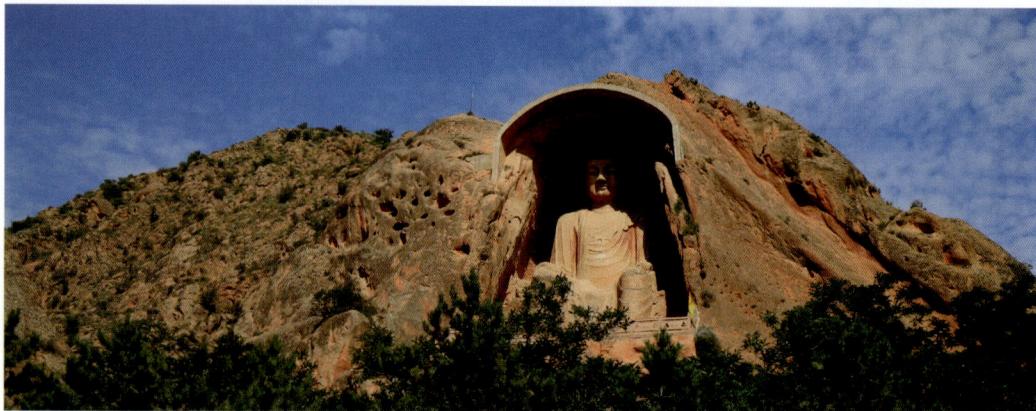

① ② ③

① 须弥山石窟所处之一，自古以来就是中原通往河西走廊、大漠南北的交通枢纽和战略要地。"丝绸之路"开通后这里又成为"丝绸之路"东段北道的必经之地，是由长安到西域的最短的必经之地。到了唐代，唐王朝为了加强边疆防卫，又在这里设立了"石门关"，直接制约着中原与西域的军事与交通，使这里有着"关中咽喉"之称。

② ③ 须弥山石窟现存洞窟 162 座，分布在由南往北自然形成的八个区域区，即大佛楼区、子孙宫区、圆光寺区、相国寺区、桃花洞区、松树洼区、三个窟区和黑石沟区。保存较为完好的造像 500 余躯，汉藏文题刻题记 53 则，碑刻 3 方，残碑 13 块，壁画 20 余平方米。在保存的 500 余躯造像和壁画、题记中，无论是佛教人物造像，还是彩绘壁画和佛教传说故事，都各自保留着鲜明的时代特征，无论是 20 多米高的大佛，还是只有 0.2 米高的供养人，都精工细雕，既有浮雕，又有近似于圆雕的高浮雕，充满了浓厚的生活气息。

景观和仙境。历史上把石门关之侧的山称为须弥山，自然增加了须弥山的神秘性和浓郁的佛教色彩。

耐人寻味的是，我国的石窟开凿路径由西向东，沿丝绸之路展开，如明珠一样星罗棋布，却为何将"须弥山"如此重要之名冠在固原呢？这是因为丝绸之路上的敦煌莫高窟、炳灵寺石窟和麦积山石窟已是盛名远扬，只有以佛教圣山命名，才能使须弥山石窟更有影响力，更具吸引力。

当"佛自西域来"，石窟艺术首先便来到了西域进出中原的孔道"石门关"，而大佛目光抚慰的山崖下，就是唐代的丝路古道，以及往来其间进出中原的芸芸众生。顺

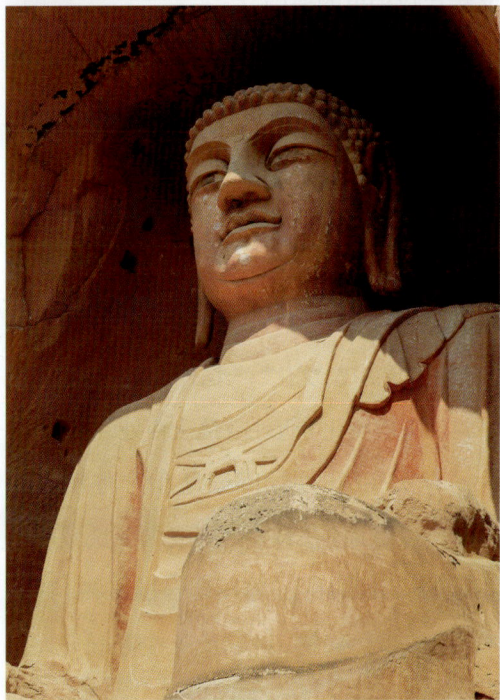

着大佛慈祥祈福的目光，我仿佛看见昔日丝绸之路途经固原时所带来的那份繁荣和宁祥。

古丝路上的"关中咽喉"

须弥山石窟地处黄河中游，自古就是西北的军事重镇。是中原通往河西走廊、大漠南北的交通枢纽和战略要地。丝绸之路开通之后，这里又成为由长安至河西走廊最便

捷的干道之一，实际上控扼古丝绸之路。到了唐代，唐王朝为了加强边疆防卫，在这里设立了石门关，作为隋唐前后著名的七关之一，制约着中原与西域的军事与交通，有着"关中咽喉"之称。宋代，这里还是平夏城黄铎堡的险要关隘，是宋和西夏的边境交叉和兵戎相见的战场。

固原之所以成为须弥山石窟创建地，缘于其悠久的历史和灿烂的文化，作为宁夏南部政治、经济、文化的交流中心，多元文化在这里交融互鉴，丰富的文化内涵为须弥山凿窟造像提供了源泉和借鉴。早在远古时期，这里就是先人生息繁衍的地方，新石器时期的"马家窑文化""半山一马厂文化"、"常山下层文化"遗址就达上百处之多。

春秋战国时期，固原是北方游牧民族重要的生息地。在城外西郊战国秦长城东南不远的一处山丘上，曾发现一批文物，其中有青铜鹤嘴镐、锛、铃以及各种青铜马具。

① ②

① 弥山处在古代丝绸之路最重要的位置，不仅是宗教和文化交流的中心，还是经济交流的中心。须弥山是丝绸之路西出长安后第一座著名的佛教石窟圣地，也是著名的石门关所在地。石门关是隋唐前后著名的七关之一，为西北通往唐朝都城长安的要冲，是屏蔽中原及长安的门户。

② 须弥山石窟现存洞窟162座，分布在由南往北自然形成的八个区域区，即大佛楼区、子孙宫区、圆光寺区、相国寺区、桃花洞区、松树洼区、三个窑区和黑石沟区。保存较为完好的造像500余躯，汉藏文题刻题记53则，碑刻3方，残碑13块，壁画20余平方米。

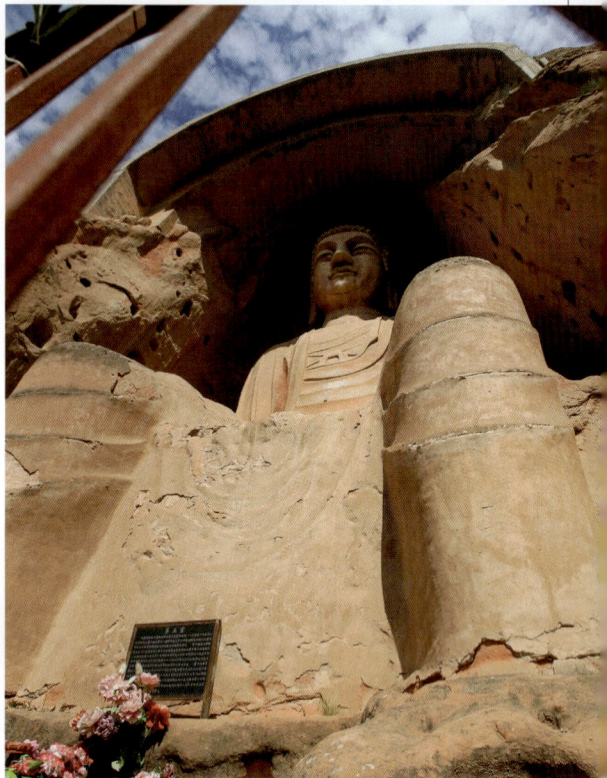

这批文物风格独特，生动地反映了古代的匈奴、吐谷浑等游牧生活的特点和"尽为甲骑"的剽悍习俗。

1981年，固原发掘的一个北魏墓中的漆棺画引人注目。在漆棺的前档方框及侧档连珠圈内绘有许多菩萨形象，皆有头光，发束高髻，面形方圆，上体袒露，戴有项圈、臂钏、腕钏，披巾呈圆环状绕肩，这与新疆克孜尔石窟壁画中的形象极其相似，这明显是受外来文化影响所致。

至于须弥山的称谓始于何时，不见记载。从早期的石窟壁画来看，须弥山一名由来已久，基本是伴随着佛教东传，即与佛教经典的翻译、石窟的开凿、佛本生故事及石窟壁画的出现而产生的。从这个意义上说，

须弥山石窟如同佛教神山，文化内涵极其丰富。

史书中最早提到"须弥山"的是明嘉靖十二年（1532）刻印，由杨经纂修的《固原州志》，其曰："须弥山，在州北九十里，上有古寺，松柏桃李郁然，即古石门关遗址。"其后的方志基本上沿袭了这一说法。

据史料记载，宋代已有须弥寨，须弥寨应该是因了须弥山而来的。因此，须弥山之名最晚也当始于唐代，相对确凿的年代应在须弥山大佛开凿之后。到了唐代末年，须弥山之称已约定俗成。明代《万历固原州志》在记《重修圆光寺大佛楼记》碑文里，已直呼"须弥山"之名了。

如今，除了高山峡谷依旧，石门关遗址已荡然无存，但分布在赤色山崖上的石窟造像仍然焕发着艺术的光辉。

承上启下的"宁夏敦煌"

披着金色的朝霞，我伫立在深谷对岸远远望去，从东南向西北依次排列的就是大佛楼、子孙宫、圆光寺、相国寺、桃花洞、松树洼、黑石沟……大小石窟层层叠架，状如蜂房。那些展现极高审美价值的北朝、隋唐时期的须弥山石窟艺术造像就开凿在"宝山"诸峰的峭壁之上。

须弥山石窟为中国十大石窟之一，距今已有1500多年的历史，有着"宁夏敦煌"之称。据史料记载，须弥山石窟初创于北魏孝文帝太和年间477至499年，兴盛于北周和唐代，先后开凿石窟130多处，其中70多窟雕塑了造像，其艺术成就可与山西云冈、河南龙门大型石窟造像媲美。这些大大小小的石窟，依山附势，错落有致的分布在7座崖面上，迂回曲折，绵延近两公里，场面甚是壮观。

现今保存的500余躯造像、壁画、题记中，无论是佛教人物造像，还是彩绘壁画和佛教传说故事，都各自保留着鲜明的时代特征；无论是20多米高的大佛，还是只有0.2米高的供养人，都精工细雕，既有浮雕，又有近似于圆雕的高浮雕，充满了浓厚的生活气息。

还有一些佛像造型脸形清癯，体型修长，佛穿双领下垂的大袍，菩萨穿汉式对襟袖襦，与其他石窟似有相同，这印证了北魏

孝文帝太和改革的重要内容之一——服式改制：禁民穿"夹领小袖"的胡服，一律改穿汉装，并亲自给群臣颁赐"冠服"，让他们穿戴。所以，这些佛像的造型和衣着特点，正是太和改制后南朝汉式衣冠和"秀骨清相"的艺术风格流传到北方的真实反映。

须弥山最著名的造像，就是通常被称为第5窟的大佛楼大佛造像。这是一尊高20.6米的露天弥勒佛坐像，大佛身披袈裟，头流螺髻，脸如满月，双耳垂肩，仪态端庄而安详，气宇轩昂。该大佛比山西云冈第19窟大坐佛还高出7米多，也比龙门石窟的奉先寺卢舍那佛高出几米，这是我国石窟中最大的三座大佛之一，都出自那一时期的弥勒佛。位居第一的是四川的乐山大佛，第二是敦煌莫高窟的九层楼大佛，第三高的就是眼前这座"须弥山大佛"了。

它高坐于唐代大中三年（849）开凿的一个马蹄形石窟内，身披袈裟，头流螺髻，脸如满月，双耳垂肩，神情庄重，十分壮观。佛像占整座山头的上半部分，光一只耳朵就两人高，一只眼睛足有一人长。这尊高耸的大佛造像虽是砂岩雕凿，完全是从一块完整的罕见巨石雕琢而成，但造型和雕凿的技法却给人以泥塑一样的温柔。就其造像的艺术特点看，须弥山大佛造像特征与龙门奉先寺卢舍那大佛极为相似，有着女性温柔的共同特征，这自然与武则天有关，体现了当时造像艺术的背景和审美时尚。

这种石刻造像艺术手法的更替和定型是在须弥山完成的，它为云冈石窟、龙门石窟造像奠定了基础。我国的石窟造像有雕塑和开凿两种形式和类型：新疆拜城克孜尔石窟造像为泥塑，敦煌莫高窟为泥塑彩绘，炳灵寺造像大多为彩塑或者石胎泥塑，麦积山石窟仍是以石胎彩绘为主；而山西云冈、河南龙门石窟造像均变成石刻雕凿，须弥山正好处在石窟造像泥塑与石刻的过渡带上。

须弥山石窟，犹如一部刻在石崖上的百科全书。从形态各异的佛像身上，似乎看到南北朝、隋唐的历史变迁。当年虔诚的信徒用刀刻出的不仅是对宗教的信仰，还有历史的年轮、战争的刀光剑影、丝路的繁华盛景……

滚滚黄河奔腾入海，浪花淘尽英雄。多少民族的盛衰，多少王朝的更替，多少岁月的沧桑，也许就在这些佛像的微微一笑之

中，早已灰飞烟灭了。

岁月的风雨虽然剥蚀了石窟的外表，却增加了石窟艺术生命的年轮。大佛深邃的目光凝望着远方，似乎能看穿一切的尘世凡俗，我久久的注视着大佛的目光，仿佛时间就此停滞……

①②

① 须弥山是古印度神话传说中的名山，在佛教中具有非凡的意义。佛教经典中所说的须弥山是诸山之王，世界的中心，高达200多万里，相当于200个地球摞起来那么高。而且须弥山有日月环绕，山顶为释帝天，四面山腰是四大天王所居。敦煌、云冈等石窟的许多佛教造像和绘画都以须弥山为题材，以此来表示天上的景观和仙境。

② 从早期的石窟壁画来看，须弥山一名由来已久，基本是伴随着佛教东传，即与佛教经典的翻译、石窟的开凿、佛本生故事及石窟壁画的出现而产生的。从这个意义上说，须弥山石窟如同佛教神山，文化内涵极其丰富。中国的石窟开凿由西向东，沿丝绸之路展开，如明珠一样星罗棋布，却为何将"须弥山"之名冠在固原？研究佛教文化的专家们认为，这是因为丝绸之路上的敦煌莫高窟、炳灵寺石窟和麦积山石窟已是盛名远扬，只有以佛教圣山命名，才能使须弥山石窟更有影响，更具吸引力。从这点来看，须弥山大佛造像有着女性温柔的共同特征，体现了当时造像艺术的背景和审美时尚。

西夏王朝佛教与建筑艺术的丰碑

015

塔影下的大夏寻踪

宁夏银川市·丝绸之路

暮日下的最后一缕余晖从高耸的贺兰山山背瞬间消遁，天地间突然升腾起一股梦幻般的景象，这给我第二次拜寺口大夏寻踪之行增加了不少神秘的色彩，这一次，我将看见什么呢？

时针已指向晚上 8 点 30 分，在银川市向西北方向驱车 50 公里后，我终于来到贺兰山东麓一处著名的山口——拜寺口。费了一番周折之后，我进入早已关闭两个多小时的景区。相距百米间，在遍地鲜花的簇拥下分别坐落着一双古塔，它们就像一对情侣守卫在山口两旁，含情脉脉，形影不离。久而久之，当地百姓赋予了这对古塔许多极富想像的称呼："相望塔""夫妻塔""山神塔""海神塔""飞来塔"……

皇家林苑与"夏贼逃所"

贺兰山曾经是西夏京畿最大的皇家林苑。史料记载，西夏王朝曾在贺兰山山中及东麓地带建造过不止一处的离宫别院与佛寺僧院。当时的贵族官僚追随皇室，也纷纷在贺兰山中修建别墅。

明代地方志载："避暑宫：贺兰山寺拜寺口南山之巅。伪夏元昊建此避暑，遗址尚存。人于朽木中尝有拾铁钉长一二尺者。"这些离宫别院用材之巨大，建筑之宏伟，由此可见一斑。清代编绘的《西夏地形图》也较为明确地记述了贺兰山离宫的具体方位，并在旁标有"夏贼逃所"的字样。所谓"夏贼逃所"，是指林木葱郁的贺兰山，不仅是避暑休闲的风水宝地，横贯山间的许多谷口更是兵家必争之地。一旦军情紧急，西夏人就

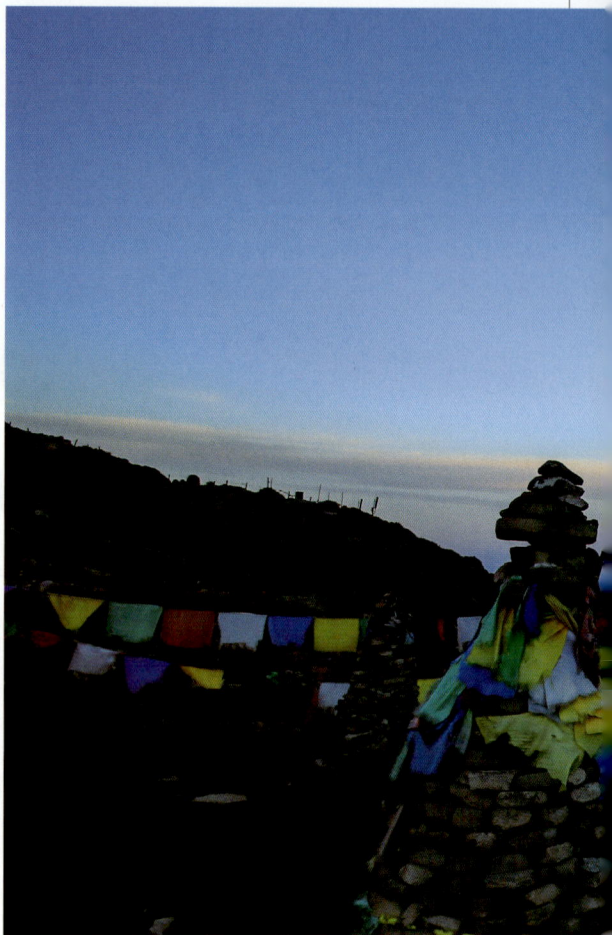

可以遁入贺兰山，或者通过山间隘口通道避向山后。

20世纪80年代以来，银川当地文物部门在贺兰山中发现了多处西夏王朝的离宫别院。它们星散分布，遥相联络，由南而北，依次有小滚钟口、黄旗口、镇木关沟、拜寺口、贺兰口、西藩口、大水口等许多建筑遗址，南北延伸数十里。

这些离宫遗址有一个共同的特征：都位于贺兰山主峰以下的老林区附近，成环状分布。将山坡地切成梯田状，台基面积大小不等，以石块垒砌，并筑有石砌台阶；遗址多有大量西夏风格的建筑残件以及西夏瓷器、西夏货币，甚至可见石砌或土筑墙基。

如镇木关沟内的遗址，曾是元昊避暑宫旧迹；小滚钟口青羊溜山巅遗址，很可能是西夏卫国殿；拜寺口双塔间的西夏佛寺遗址，应该就是《西夏地形图》上记载的"五台山寺"。

而拜寺口，原名"百寺口"，因此处曾有百余座庙宇而得名。拜寺口西夏古建筑建造时间没有明确的记载，但根据双塔周围散落的大量与西夏王陵同风格的琉璃构件残块以及宁夏地方史志的记载，可以确定此处在

① 拜寺口双塔是迄今为止保存最为完整的西夏佛塔，距今近1000年历史，是中国佛塔建筑史上不可多得的艺术珍品，具有很高的西夏考古、建筑、佛教的历史文化价值、研究价值和观赏价值。

② 拜寺口双塔由一对砖砌佛塔组成。山口东侧的塔称为东塔，是一座正八角形建筑，高13层，每层塔檐下，各面都有各种兽头的浮雕。西塔也是13层高，较东塔粗壮且外形呈抛物线状，塔内曾发现梵文、西夏文题记和元代银币等。这里出土的《吉祥遍至口和本序》为世界最早的木活字印刷印本，为中国印刷术发明时间的断代发挥重要作用。

西夏年间曾经建有佛寺,这两座塔可以基本确定与佛寺同时期建造,并且同为西夏武烈皇帝李元昊的离宫建筑的组成部分。

双塔插云,谁可与其争锋?

拜寺口双塔距今已近千年历史,是迄今为止保存最为完整的西夏佛塔,是中国佛塔建筑史上不可多得的艺术珍品。

西夏开国皇帝李元昊信奉佛教,"幼晓佛书,通晓经文",其在位时期境内曾佛教盛行,在贺兰山拜寺口修建规模宏大的佛祖院随寺庙而建立双塔。拜寺口作为贺兰山著名山口之一,山壮沟深,环境幽静,面东开口,视野开阔。在山口平缓的坡地上有大片建筑遗址。这里曾是西夏佛祖寺院所在地。双塔就建在沟口北边寺院遗址的台地上。

不论从何种角度观赏双塔,都给人一种美的享受,一种震撼的视觉冲击力。与第一次大白天来这里时迥然不同,现在没有旁人,没有嘈杂,只有风声和鸟鸣。我可以静下心来,与双塔对话,与大夏沟通。

先看高约 39 米的东塔,塔身高挑的呈锥体,这更具美观和早期西夏佛塔的特征。每层由叠涩棱角牙和叠涩砖构成腰檐,腰檐外挑。塔顶上砌八角形平座,平座中间为一圆形刹座,上承"十三天"宝刹。二层以上每层每面都贴有彩塑兽面两个,它们左右并列,怒目圆睁,獠牙外露,十分威猛。兽面口衔彩绘红色连珠,兽面之间是彩绘云托日月图案。塔壁转角处还装饰有彩塑宝珠火焰,华丽精美。

看罢东塔,又来到高约 41 米的西塔,看上去塔体比例协调,比东塔较为粗硕。各层壁面中心置有长方形浅佛龛，龛内有彩塑动物和八宝图案，龛两侧为彩塑兽面，兽面口含流苏七串。它们兽面怒目圆睁，獠牙外龇，威猛可怖。塔壁转角处有宝珠火焰、云托日月的彩塑图案，这些造像及装饰图案布满整个塔身。

在东塔众多的造像中，有身着法袍的罗汉，有挂杖倚立的老者和神态潇洒的壮者。他们项挂璎珞，腰系长带，手执法器。有的伸臂，有的跳跃，动作自如，神态各异，充满了强烈的生活气息和浓郁的宗教色彩。

对于双塔始建于何时，史料无明确记载。明万历年间修宁夏《万历朔方新志》卷首《宁夏镇北路图》中，在拜寺口就标有双塔。根据塔刹发现的文物推测，双塔于元代早期曾进行过装修，修缮了塔刹，粉妆了壁面，但塔身未进行大的修理。

本图　拜寺口是贺兰山著名山口之一，这里山大沟深，环境幽静，面东开口，视野开阔。在山口平缓的坡地上有大片建筑遗址。据考证，这里曾是西夏佛祖寺院所在地。拜寺双塔是西夏国王李元昊离宫建筑的一个组成部分，当年拜寺口寺庙众多，华丽的宫殿参差交错，金碧辉煌，它给气势雄伟、古木参天的拜寺口增添了无穷的魅力。

1986 年，国家组织力量对双塔进行了加固维修，在维修西塔塔刹时，发现一密封空心穹室内置放着一批文物，有蒙古汗国银币"大朝通宝"、元初"中统宝钞"、绢质"彩绘佛画"（唐卡）、"绢纸花"，木雕"上乐金刚双身像""木花瓶"和铜佛像等。在两座塔塔顶的中心柱上发现了西夏文和梵文的铭文，在对中心柱经过碳 14 测定之后，确认双塔均为西夏晚期作品。

明清时期，银川地区曾地震频繁，特别是清乾隆三年十一月二十四日（1739 年 1 月 3 日）发生了一次八级以上地震，双塔周边的建筑、房屋均被震毁，但是双塔仍傲然挺立于崇山峻岭之中，充分印证了当时西夏建筑技艺的高超水平。

临别之时，我登上一处危岩重重的制高点，一幕魂惊魄惕的场景令我目瞪口呆，苍穹之下，壮丽的双塔尽收眼底，极目远眺，东边的地平线上一轮红彤彤的明月缓缓升起，不知今夕是何年！

承天寺塔：塞上江南第一塔

银川，作为当时西夏封建王朝中心的兴庆府，如今散落着许多西夏王朝遗存的蛛丝马迹，仿若初遭洞开的一方迷阵，让我在欣喜之余窥探到一丝西夏文明的神秘和精髓所在。比如这座银川"西塔"，是宁夏境内现存的一百多座古塔中最高的一座砖塔。

日头已白的耀眼，可承天寺的大门依旧

紧闭。我在寺外四周红墙边徘徊许久，估摸着离上午九时的开放时间还有一个时辰，索性到寺门对面一家清真老店要了一碗羊杂碎，一边喝着鲜美无比的羊汤，一边抬头凝望随着光线变幻光影的塔尖，思绪慢慢穿越到九百年前。

公元 1038 至 1227 年，这个由党项民族创建、曾与宋、辽、金抗衡的西夏政权，在中国西北地区存在了一百九十年。然而，由于文献资料的缺失，使这段历史和文化几近湮没。

银川西塔，正式名字叫承天寺塔，是宁夏惟一有文献记载始建年代的古塔。据明代《弘治宁夏新志》记载："承天寺塔在承天寺内，伪夏（西夏）所建，一十三级，有残碑可考。"西塔始建于西夏时期毅宗天佑垂圣三年，也就是 1055 年，这座塔封尘了西夏王朝许多神秘的往事。

当年的承天寺是整个宁夏有文字记载的最早的寺院，据《嘉靖宁夏新志》记载，承天寺塔下藏有佛"舍利一百五十嵩、顶骨一方、中指骨一节，佛手一枝，罄以金棺、银椁、铁匣、石匮，衣以宝物，罩以毗纱。"舍利子本为佛家圣物，顶骨舍利更是佛家至宝，极为罕

①②③ 承天寺塔是宁夏惟一有文献记载始建年代的古塔。《夏国皇太后新建承天寺瘗佛顶骨舍利碑》载：西夏建国皇帝元昊死后，皇太后没藏氏为了"幼登宸极"的小皇帝谅祚，保"圣寿以无疆，俾宗祧而延永"，于西夏毅宗谅祚天佑垂圣元年（1050）"役兵数万"，历时五六年修建了承天寺和承天寺塔。并将西域僧人进献的佛骨，以金棺银椁贮埋于塔基下。西夏福圣承道三年（1055），又将宋朝所赐的《大藏经》置于寺内。塔寺建成后，延请回鹘高僧登座讲经，皇太后与皇帝经常即席聆听。寺内香火旺盛，僧人不绝，与当时凉州护国寺、甘州卧佛寺齐名，是西夏著名的佛教圣地之一。

②
① ③

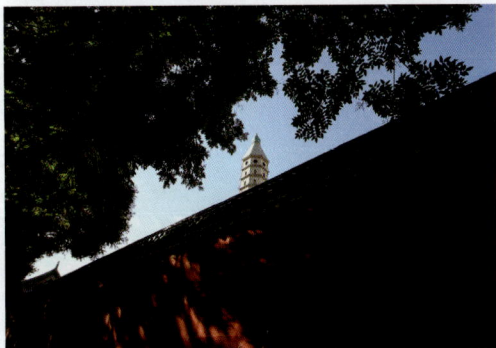

见。在承天寺中藏有这种极圣之物，可见承天寺在当时佛教界的地位绝不一般了。

承天寺塔的建造，与西夏皇后没藏氏有关。没藏氏原是西夏景宗李元昊的夫人，其间的纠葛好比宫庭狗血剧，这里暂且不表。据传，承天寺塔是西夏皇帝谅祚之母没藏氏为保佑其子龙运长久而建的。"承天"，即秉承天意。《夏国皇太后新建承天寺瘗佛顶骨舍利碑》载：西夏建国皇帝元昊死后，皇太后没藏氏为了"幼登宸极"的小皇帝谅祚，保"圣寿以无疆，俾宗祧而延永"，于西夏毅宗谅祚天佑垂圣元年（1050）"役兵数万"，历时五六年修建了承天寺和承天寺塔。

塔寺建成后，没藏皇太后偕小皇帝亲临参加开光仪式，当年，又将宋朝所赐的《大藏经》置于寺内。后来，回鹘高僧在承天寺登座讲经，没藏皇太后与谅祚小皇帝还经

常到这里即席聆听。从此，寺内香火旺盛，僧人不绝，常有"东土名流""西天达士"往来，承天寺与甘肃武威的护国寺、张掖的卧佛寺同成为西夏著名的佛教圣地。

据传承天寺塔当年曾有倒影奇观，所谓倒影，就是因为折光的关系，空中倒垂一塔影，其倒影塔尖与地上的塔尖针锋相对，上下两塔相距数尺，中间因日光反射而出现五色祥光。人们说，这些现象是因为塔下埋的佛骨舍利和珠宝所致，再加上这座塔落成近千年，蕴日月精华，已有了灵气。

倒影奇观我无缘相识，但蓝天下古塔的倩影倒是可以全方位领略。承天寺塔由砖砌而成，整座塔的造型挺拔，呈角锥形风格，古朴简洁。塔的每层角线都嵌有一如意状的铁柄，铁柄下挂有一铃铛，每当微风吹拂，塔铃叮当，晨钟暮鼓，愈显出禅院的幽静。

塔身平面呈八角形，是一座外观 13 层、内 11 层的砖楼阁式塔。塔室为方形，塔身各层每边逐级收分，立体轮廓呈角锥体形状。当天银川天气晴朗，我一口气登上塔顶，打开四周的窗户，极目眺望，银川古城尽收眼底，西边贺兰山雄峙一方，南边塞上江南的景色令人神往。

西夏王朝灭亡后，承天寺日渐荒废，但寺、塔尚存。至元末明初遭兵火和地震的危害，承天寺毁坏，仅"一塔独存"。后来，朱元璋第 16 个儿子庆王朱㮵因其封地在宁夏地区，便对承天寺塔进行了一次较大规模的重建和修饰，并增设了殿宇，承天寺又以梵刹钟声名噪塞上。清乾隆年间，宁夏大地震时承天寺塔全部震毁，直到嘉庆时期在残塔基础上重新修塔，如今的承天寺塔虽非原建筑，但仍保持了西夏原塔的基本形制和造型风格。

徜徉在承天寺院落中，也别有一番情调。这里院落宽阔，古树参天，松柏长青，肃穆宁静。那大红的漆柱、碧绿的房瓦、明蓝艳粉交织的梁桓、镏金贴银的椽面，既有北方山川的雄浑宏阔，又有江南水乡的清丽婉约，并兼有帝王宫室的富丽堂皇和民间宅居的精巧别致。

院中花木相互衬托，漫步其中，只见阳光从绿叶的空隙中投下斑驳的光影，在路面上微微晃动，流露出些许婉约多姿和灵动清秀。历经千载风雨的承天寺塔静静伫立在万绿丛中，显得雄伟而又婉约。

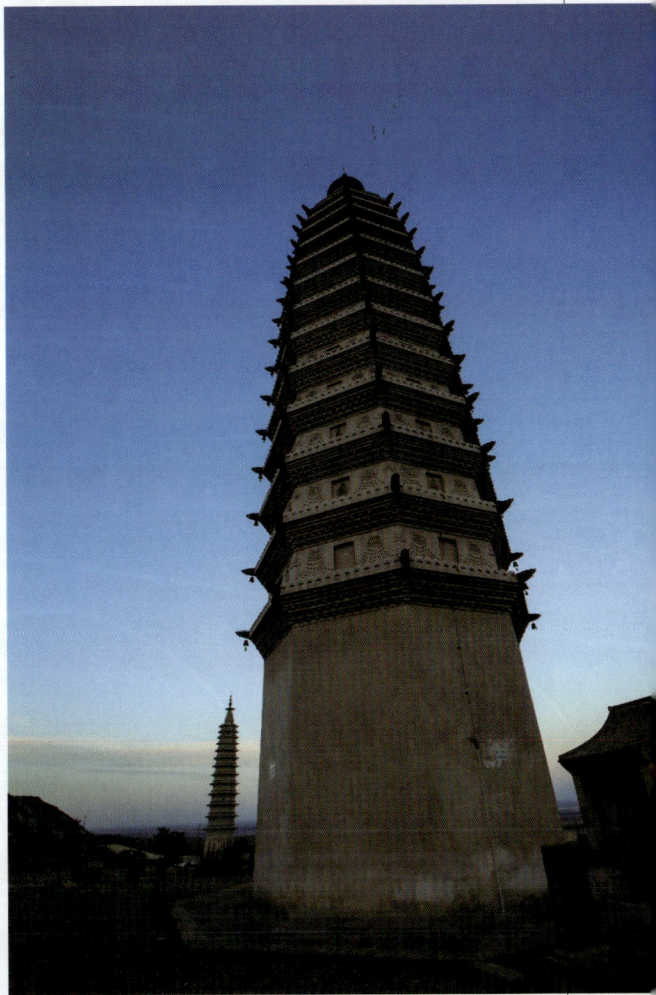

① 在这 190 年的时间里，西夏为我们留下的了众多的佛教文化遗产，其中佛塔就是令人注目的一项内容。

② 西夏国的藏传佛教佛塔，为我们探索藏式佛塔发展的源流提供了重要线索，因为在藏传佛教发展的中心区域——青海与西藏，我们已经很难找到元朝以前的佛教艺术遗存了。这些西夏国的藏式佛塔，是目前我们已经发现的一批时代最早的藏传佛教佛塔实物。特别是拜寺口双塔、青铜峡一百零八塔、银川承天寺庙塔那样的艺术杰作，在我们的心目中完全可以作为西夏古塔的代表作和党项民族古老文化艺术的象征。

以契约精神确保山常青水长绿

016

田野似锦入山屏

贵州省黔东南州锦屏县 · 清水江文明

破解生态密码是一个世界性的难题，在五百年前的贵州黔东南密林深处，当地百姓却掌握了一把破解社会生态基因密码的"金钥匙"，以"契约精神"保护清水江流域地区的山常青、水长绿。

揭秘"社会基因密码"

入夜，是"锦屏文书节"的高潮部分，锦屏三江口成为魔幻与欢乐的海洋，好似彩虹飞渡的两座侗家风雨桥，夹峙着高耸的锦屏文书楼，伴随着苍劲优美的苗侗古乐，不断变幻着美丽的霓裳，大屏幕一幕幕、一回回演绎着锦屏的前世今生。

黔东南是一首优美抒情的诗，也是一支古老优雅的歌。这里是人类繁衍生息最古老的歌谣，也是当今民众疲惫心灵最后的家园。这片热土上的 16 个县市的名字都有一

个历史的由来。而数锦屏是个例外，也最富有诗意，因其"田野如锦，青山如屏"而得名。

锦屏是黔东南侗、苗族聚居的边远县份，土地肥沃，气候温和，雨量充沛，非常适合林木生长，是我国南方著名的传统人工林区。锦屏人工造林已有 500 多年的历史，这在中国堪称独特，在世界上也不多见。早在明代中期，锦屏清水江、亮江流域，苗、侗族人民即已习惯了山田互补、林粮间作的生产方式。

史料记载，明洪武三十年（1397），朱元璋为围剿锦屏上婆洞林宽统领的侗族农民起

②
①
③

① 锦屏县因青山似锦、秀丽如屏而得名。位于黔东南州东南边隅，依黔面楚，东界湖南省靖州县，南邻黎平县，西毗剑河县，北抵天柱县。是黔东南通往湖南、广东、广西的重要门户。

② ③ 锦屏文书又称清水江文书，是中国贵州清水江流域苗族侗族人民创造和保藏的一种民间文献遗产，主要包括山林经营和木材贸易方面的民间契约和交易记录，忠实地反映了当地各族人民在历史上对中国混农林业和人工营林业的重大贡献，具有多方面的价值和作用，2010 年 2 月被列入《中国档案文献遗产名录》。图为锦屏文书节上载歌载舞的苗族侗族少年儿童。

义，派明朝军队从洞庭湖溯沅江、清水江进入贵州东南的锦屏地区。将士们立刻被当地"丛林密茂，古木阴稠，虎豹踞为巢，日月穿不透"的景象所震撼，黔地产好木的消息不胫而走，随及也传到皇帝及达官贵人耳中。

从此，锦屏盛产优质杉木的信息传至内地及东南沿海地区，锦屏木料开始供全国各地营建之用。明、清时期，朝廷到锦屏广征"皇木"，甚至沿清水江顺流而下，经沅江、长江、大运河等一直送到都城，成为修建皇宫的重要木材。

"皇木"的需求带动了"民间木商"大量涌入锦屏，"皇木""民木"贸易由此兴起，拉动、刺激了人工造林业的兴起并日益繁荣兴旺。吸引本地大量的侗、苗族人民和来自江南、华东等地的汉族人民在锦屏从事木材贸易和人工造林、管林工作。到了清代雍正、

乾隆时期，木材贸易十分繁荣，人工造林技术也已相当成熟，木材贸易、人工造林已成了锦屏人民赖以生存、当地经济赖以发展的支柱产业。

与木材贸易的发展相匹配的是大量山林植造、管护，木材买卖、运输及纠纷调解等林契文书应运而生。除了这些独特的林业契约外，当地苗族、侗族人民经济及日常生活中的土地买卖、建屋造房、财产典当、兄弟分家、男婚女嫁、祭祖求神等，也多有文书约定，做到"口说无凭，立此为据"。他们将这些契约文书视为宝物，交由后代子孙收藏保存。

林业契约是锦屏文书的主要内容，记录了私有制时期林业资源的培植、管理、经营及收益分配的做法、经验，对当今林业体制改革，推进森林、林木和林地使用权的合理

① 清水江文书是中国贵州清水江流域苗族和侗族林农们创造和传承的一种独特的民间文献遗产，忠实地记录了当地土著民族在历史上对中国混农林业和人工营林业的重大贡献，也是世界林业法制的一个历史典范，被中外学者赞誉为"世界记忆"和"全球重要农业文化遗产"的代表作之一。

② 很长一段时间以来，清水江文书在传统上一般都秘不示人的特点，民间大规模保藏的这种汗牛充栋的文献遗产，长期处于"藏在深山人未识"的状态，一直不为外界所知，直到1964年，才首次作为重要历史资料引起国家高度重视，并予以保存和研究。图为"锦屏文书节"盛况。

流转，发展非公有制林业具有现实的借鉴作用和参考价值。

这样的"契约精神"影响着一代又一代的人。人们在生产、生活的过程中，严格按照契约文书里面的条款约定，规范各自的权利与义务，忠实履行自己的职责。同时，在这履行职责的过程中，当地民众对林木进行规范化管理，实际上就保证了这里的林业生产在一种有序的状态下持续发展，成为了破解锦屏等清水江流域地区长期以来山清水秀"社会基因密码"的"金钥匙"。

农林社会活态记忆库

这就是"锦屏文书"的由来，以锦屏县为中心的清水江中下游地区苗、侗族人民长期从事以农林生产为主的社会实践活动及其生存、发展的社会关系历史面貌的原始记录，这是传承中华民族历史文化的璀璨篇章。

"锦屏文书"的种类多，内容丰富。从载体分有石（碑）、兽骨、竹木、布、纸等；从功用分有生活、生产与经营记录等；从记录分有文字、音像与实物等；从内容上分更是丰富多彩，有山林、田、地、房屋、宅基地、水塘、菜园权属买卖契，有合伙造林、佃山造林、山林管护、山林经营契，有山林土地权属纠纷诉讼、调解裁决文书，有山林土地买卖以及家庭收支登记簿册、生态环境保护契、乡村民俗文化记录，也有官府文件、村规民约、家乘族谱和古籍等。

锦屏文书因年代久远，且纸质原材料容易腐坏破损，在保存过程中损毁较严重，锦屏林业契约文书据推测曾不少于100万件，

但目前存留量仅为 10 万件左右。从现今收集与珍藏的锦屏文书中可以看出，许多保存着上百份文书的家族，其文书大多能清晰连续地反映该家族的历史状况。以其突出的完整性、系统性和连续性真实反映了五百年来锦屏县政治、经济、文化、民俗、婚俗、宗教等历史发展情况。

锦屏文书是我国迄今发现数量仅次于安徽徽州文书的"中国第二大地方文书"。它全面记述和反映了明、清至民国时期 500

多年清水江流域少数民族地区以林业为主的社会生产力和生产关系，填补了我国少数民族地区缺少封建契约文书和缺少反映封建林业生产关系历史文献的两项空白。

因此，锦屏文书见证了清水江流域中下游各民族融合共生、社会经济与生态环境发展变迁的历史，是贵州乃至西南林业经济、社会及生态的珍贵文化遗产。2010 年，锦屏文书与《本草纲目》、敦煌写经等一起入选第三批《中国档案文献遗产名录》，是锦屏通向世界的一张文化名片。英国牛津大学世界著名历史学家柯大卫先生考察锦屏文书契约时评价道："锦屏契约非常珍贵，像这样大量、系统地反映一个地方民族、经济、社会发展状况的契约在世界上也不是多见。"

2008 年 7 月，在马来西亚吉隆坡召开的第十六届国际档案大会上，对锦屏文书的评价词作了这样描述，"苗侗少数民族混农林生态体系中唯一得到较好记载、还在民间留藏着的濒危文书，是全世界混农林活动的活态记忆库，在生态保护上树立了一个世界性的典范。"

就在不久前的 2018 年 11 月 29 日，《锦屏文书保护条例》经贵州省十三届人大常委会第七次会议审议通过，正式成为地方性法规，并明确从 2019 年 3 月 1 日起施行。

如今，这些珍贵的"锦屏文书"都集中收藏在锦屏三江口的文书楼中。而每年金秋为之举办的"锦屏文书节"，就是对这一独特文化符号的展示、发扬与光大。

① | ②

① 最初的锦屏文书，2010 年 2 月被列入《中国档案文献遗产名录》，后相关契约文书陆续被大量发现，涵盖范围逐渐扩展到整个清水江流域。据保守估计，目前至少尚有十多万件遗存于民间，也有专家推测清水江流域各县遗存的这类契约文书大约可多达三十余万件，主要分布和保藏在清水江流域中下游黔东南苗族侗族自治州的锦屏、黎平、天柱、三穗、剑河、台江、岑巩等县苗族侗族农户家中。据考察这前五县档案部门收集的文书已达 18 万件。

② 清水江文书又称"清水江民间契约文书"，主要是指明末清初以来直至二十世纪五十年代共约四百年的历史长河中，中国贵州清水江中下游地区苗族侗族林农为了经营混林农业和木商贸易而形成的大量民间契约和交易记录。他们将这些世代相传的民间文献视为能够给予子孙后代赐以福佑的传家宝物，一般秘不示人，只在调解家族之间物权纠纷和其它重大场合时启用，至今仍然具有物权法律证据的功能，在苗村侗寨的山林物权纠纷调解中具有一定的作用。

西南丝绸之路重要驿站

017

五溪汇聚重驿路

贵州省黔东南州镇远县·清水江文明

"扫尽五溪烟，汉使浮槎撑斗去；劈开重驿路，缅人骑象过桥来。"这一幅悬挂在贵州镇远青龙洞祝圣桥上的对联是对汉代以降西南丝绸之路的生动写照。

在云贵川的群山秀林之中，自商朝开始就存在着一条神秘的"西南丝绸之路"。对联中的"五溪"是指湘黔交界处的五条主要河流，古时缅甸和云南方向的朝贡物品都要经过这座桥走水路才能进入中原腹地。这条南方丝路由陆路和水路组成，经过川、渝、滇、黔、湘、桂、粤等省区，往东直达广东省的珠江口，往西进入南亚，往南进入越南。与西北丝绸之路一样，西南丝绸之路同样也为中外经济文化交流互通作出了伟大的贡献。

南方丝路"要津"

贵州是我国西南边陲的中心地带，绾毂西南的作用不言而喻。在历史上，贵州夜郎是南方丝绸之路东进西出、南来北往的要冲，兵家必争之地，商旅必经之路。汉长安与西南边陲以及安南、缅甸、暹罗、印度等国礼物献赠和信使往来，贵州皆为捷径。蜀王子安阳王率余众借道入越，楚将庄𫏋兴师入滇，唐蒙献计制越，张骞开拓南方丝绸之路，都与贵州密切相关。

经过贵州的西南丝绸之路主要有三条：第一条路由川黔向东到珠江口。汉武帝建元六年（公元前135年），唐蒙出使南越，沿赤水河谷上行，进入贵州牂牁地区（今遵义、安顺地区），劝说夜郎国王多同归顺汉朝，订立"同蒙之盟"，汉随后在夜郎国设置犍为郡。汉武帝元鼎五年（公元前112年），夜郎国及其所属部落全部归入汉朝版图。从此，贵州和云南出产的铅、铜、木材和大宗山货土产年年在合江中转，富饶的四川盆地生产的井盐、大米、夏布等也从合江运入贵州。云、贵、川的特产源源不断沿着西江运入岭南，而岭南的物产也溯西江而上运入云、贵、川。

第二条路由川黔向南到越南。最早走这条路的是蜀国王子蜀泮。公元前316年，秦国灭蜀，蜀泮率领3万将士借道夜郎国，沿着这条路南下，到达现在的广西和云南，随后辗转南下，蜀泮自立为王，称安阳王，改国号为瓯雒国，都城在古螺（今河内近郊的东英县）。云、贵、川等地进入越南的商道从此开通。

第三条路由湘黔向西到南亚。产自洞庭湖平来的木材、桐油、茶叶、生漆、药材等沿沅江乘船向西，转运到贵州镇远等地，加上从四川南下的货物也汇聚于此，然后以走山路著称的黔滇小马组成马帮，用水陆联运的方式接力前往印度、西亚和欧洲等地。

在中国古代，用作衣料的主要有丝、麻等。麻的品种很多，古代用作织布的主要是中原的大麻和长江以南的苎麻，它们的纤维都比较柔细。苎麻喜阳光和温暖湿润的气候，适合温带和亚热带地区生长，苎麻纤维是麻类纤维中最优良的品种。从汉代起，由于南北经济文化交流有了很大的发展，苎麻布逐渐从南方输入中原，为了与中原固有的大麻布以示区别，常冠上麻布的产地，所以"蜀布"的名称便应运而生。所谓"蜀布"，

其实就是西南地区生产的苎麻布，从来都与江西、福建、浙江等地所产的夏布齐名。汉朝时，西南工商业比较发达，又有商道与印度相通，因此蜀布当时销售到了身毒（今印度）和大夏（今阿富汗）。蜀布在身毒等地畅

① | ②

① 镇远古镇交通方便，区位优越，湘黔铁路、株六复线、320 国道、沪昆高速公路穿境而过，距铜仁机场、湖南芷江机场和贵阳机场分别为 90 公里、170 公里和 270 公里。县境东界湖南新晃，南临三穗、剑河，西毗施秉，北接岑巩和铜仁地区的石阡，素有"滇楚锁钥、黔东门户"之称。

② 镇远古镇是贵州省黔东南苗族侗族自治州镇远县名镇，位于舞阳河畔，四周皆山。河水蜿蜒，以"S"形穿城而过，北岸为旧府城，南岸为旧卫城，远观颇似太极图。两城池皆为明代所建，现尚存部分城墙和城门。

销的主要原因在于热带、亚热带气候苦热，苎麻布色较白，不畏水湿，汗渍不污，有很好的散热效果。张骞出使西域时，曾在大夏国看到过夏布、筇竹杖的身影。

经过一代又一代人锲而不舍的经营，西南丝绸之路终成通途。沿着西南丝绸之路，蜀布（夏布）、枸酱、筇竹杖、茶叶、丝绸、陶瓷等源源不断输往东南亚、南亚、西亚和欧洲等地，进口商品主要是胡椒、锡、金、玉、琉璃、犀角、象牙、琥珀等，其中，贵州的三种植物——苎麻、拐枣、筇竹在中外贸易中扮演了重要的角色。

在这条西南丝绸之路上，镇远成为"滇黔咽喉"，这与其所处的地理位置有很大关系。黔东南境内有三条主要河流，分别是都柳江、清水江和舞阳河。从地理位置来看，舞阳河处于最北端的位置，相对其他两条河流，则更接近中原。从湖南沿舞阳河进入镇远，地势相对平坦，没有难以逾越的高山，开路、行路的难度相对较小。

公元前 279 年，楚王派楚将庄豪伐夜郎，开启了镇远航运。到了汉代，朝廷意识到了镇远对于控制云贵的重要作用，修建的水陆驿道均从镇远经过，还设置了重要的驿站。以后历朝历代修建的驿道都从镇远经过。此外，从云南以及缅甸、印度、越南等国而来的客商、使者等，到中原地区甚至更远的地方进行经济政治文化交流，也都从镇远经过。镇远为"南方丝绸之路"之"要津"，实至名归。

多元文化渗透交融

镇远地处湘黔驿道与沅江水路的交汇处，是黔东南一座江南水乡式的历史文化名城，从秦定巫建镡城县算起，已有两千三百多年的历史。

《苗疆闻见录》上有"欲据滇楚，必占镇远"的记载。在中国古典名著《儒林外史》中，吴敬梓曾不惜以三个回目的篇章，生动描写了汤总兵与苗族首领别庄燕在镇远的争锋和当时的风土民情。晚清爱国名将林则徐曾三次路经镇远，他在《镇远道中》一诗对这里雄奇的山川和险要的地势描述："两山夹溪溪水恶，一径秋烟凿山脚，行人在山影在溪，此身未坠胆已落。"

镇远自古为由湘楚人夜郎舍舟登陆要冲，也是京城与西南边陲以及安南、缅甸、暹罗、印度等国礼物献赠和信使往来的捷径和必经之地。当地有谚流传："镇远街，人挤人，挑窑罐的被撞破，担桐油的挤不出城。"古城曾经的繁荣兴盛，可见一斑。

站在石屏山高处俯视宛若玉带的舞阳河，流经古城时拐了个弯，将古城分成两半，北岸为旧府城，南岸为旧卫城，南北两端恰如太极图上的阴阳两点，自然造就一个天然的阴阳八卦太极图，超凡脱俗好似天造地设。

现今两城池皆为明代所建，尚存部分城墙和城门。城内外古建筑、传统民居、历史老码头数量颇多。一幢幢老宅，一座座庭院，

幽深豪华、典雅气派。垂花门楼下，粉壁门楣内，"封唐召泽""清白家声""义门陈宅"等醒目字样无不昭示着屋主曾经的地位辉煌和身份荣誉。一缕缕阳光透过树叶，折射在古巷的青石板路上，斑驳迷离，沉淀着现代生活的浮躁，把岁月演绎为小巷里的静谧安详。

夜幕时分，古镇民居和商家的红灯笼、彩带齐齐点亮，把古城装扮得流光溢彩，平添不少现代气息。临河房舍的大红灯笼倒映在清澈波动的水面上，就像打翻了调色板，晕染出一道道五颜六色的波纹，如梦似幻，煞是好看。

上图

镇远自古为由湘楚人夜郎舍舟登陆要冲，也是京城与西南边陲以及安南、缅甸、暹罗、印度等国礼物献赠和信使往还的捷径和必经之地，有"南方丝绸之路"要津之美称。明太祖朱元璋兴师入黔，贵州水西宣慰使奢香夫人霭翠，派人献牛羊、粮米、毡等物，迎王师于镇远。清代直也托纪从缅甸回国时也途经镇远。这里既是黔东政治、经济、文化中心和交通要冲，也是兵家必争的军事重镇。

南方丝路的千年兴盛，使中原文化、苗侗文化、域外文化在这里相互渗透、交融互通，形成了独特的包容性文化，使这座古城具有了中国西南地区少见的开放进取的气质，在推进"一带一路"的进程中焕发出耀眼的光彩。

关中第一奇观，丝绸之路北道重要地标

018

清凉山下的佛光

陕西省咸阳市彬县·丝绸之路

"到了大佛寺，长安在眼前"。一千三百多年前，伴随着叮当的驼铃声，一队队满载着丝绸的驼队，西出繁华的大都市长安，从咸阳桥跨越滔滔渭水，来到一座矗立在开阔泾河谷地的古城，这便是历史重镇——豳州，也就是今天的彬县。

在玄奘西行的第二年（628），这座被誉为"关中第一奇观"的大佛落成之后就成为丝绸之路北道的重要地标，丝路古道就从大佛的脚下穿过，商贾旅者见到大佛就知道离长安不远了。同样，当丝绸之路出了河西走廊以后，道路异常艰险崎岖，为获得精神上的支撑，过往商旅到了这里之后会给大佛上一柱香，祈求大佛保佑一路平安。

阳春三月，当汉中盆地漫山遍野的油菜花星星点点凋谢收头之时，而处于渭北高原西部的彬县刚刚春回大地，山坡田间、房前屋后，迎春花、桃花、梨花、杏花、洋槐花……暗香疏影，迎风怒放，一派春意盎然的喜人景象。作为昔日大秦帝国的首都，迄今已有两千多年历史的古都——咸阳，直到今天才拥有了第一处世界文化遗产，那就是彬县大佛寺石窟。

关中与陇右文化的交叉点

彬县古称豳，是后稷生地，也是周人的发祥地。三千五百年前，周祖公刘立国于豳，辟洪拓荒，教民稼穑，开创了泾河流域农耕文化的先河。商朝初期，太王古公亶父率彬

① ②

① 大佛寺石窟地处丝绸之路北道的主干线上。东汉时期，佛教经丝绸之路传入，南北朝时逐渐达到高峰，隋唐时达到鼎盛。

② 彬县大佛寺是世界文化遗产，位于陕西省彬县城西十公里西兰公路旁的清凉山脚下。建于唐贞观二年（628），原名庆寿寺，全寺共有一百零七个大小石窟，二百五十七个佛龛，大小造像一千四百九十八尊。是中原文化鼎盛时期唐代都城长安附近的重要佛教石窟寺。其唐代泥塑大佛为长安及周边地区规模最大，体现了石刻大佛艺术自西域东传及在关中地区的流行。

人迁往岐山，光大后稷开创的农耕事业，为周朝建立奠定了坚实的基础。

彬县从秦朝设漆县始，东汉为新平郡，北魏改为白土，西魏设豳州，以后隋、唐、宋、元、明、清等历朝历代都有县治。这里东临旬邑、淳化，南依永寿、麟游，西临长武、灵台，北接甘肃正宁，自古为连接秦陇的咽喉要道，也是古丝绸之路上的重要驿站。

彬县大佛寺的创建，是佛教经丝绸之路传入中原后与关中文化圈交融互汇后迸发出的灿烂火花。周文化经春秋战国诸子百家的继承创新以及汉唐经学与宋明理学的弘扬发展，最终形成了中华民族独特的精神气质。周文化与佛道文化相融互补，形成底蕴深厚的关中文化，其影响力东西连绵，南北辐射，文脉鲜明。

关中文化圈的中心从长安开始，以泾河谷地为连接纽带，西出彬县，越过长武，即进入陇右。陇右文化西接河西走廊，东至渭河平原，文脉纵横，韵味深长，东西延展，地位独特。古代商旅和文化使者穿河西，经陇右，抵彬县而入关中。关中文化圈和陇右文化圈构成丝绸之路东段文化区域的主体，它们相互激荡，圆融会通，形成千古不绝的华夏文脉。

大佛寺石窟位于彬县城西，此地雄扼秦陇交通咽喉，在丝绸之路北道的主干线上，为古丝绸之路西出长安东段北道的第一佛窟，素有"丝路明珠"之称。这里正好是关中文脉与陇右文脉相互贯通的泾河谷地中段，充当着丝绸之路东段文脉结点的独特角色。

缘为阵亡将士荐福

从彬县城西沿着蜿蜒宽阔的西（安）兰（州）公路行进五六公里，经过一处《西游记》中描述的孙悟空居住的"水帘洞"后，再西行六公里，一座倚山崖而立的巍峨古典式楼阁便映入眼帘，这里南依青翠巍峨的清凉山，北傍蜿蜒东流的泾河水，东侧紧邻大佛寺村，周围摩崖小洞密如蜂窝，崖下树木郁茂，风光绮丽，这就是闻名于世的大佛寺石窟。

大佛寺石窟距今已有1300年历史。始凿于南北朝时期，大规模开凿于唐初，唐太宗贞观二年（628）基本建成。现寺内保存有446处佛龛，1980余尊精美造像，是盛唐京师长安附近重要的佛教石窟寺，其唐代大佛为关中地区规模最大，体现了石刻大佛艺术自西域东传及在关中地区的流行，被清代

学者毕沅誉为"关中第一奇观"。

为什么要雕凿这么大的佛像？又是谁主持开凿了这一浩大的工程？史料对此没有太多的记载，人们在大佛窟主佛阿弥陀佛背光左下方伎乐天侧旁的纪年题刻窥探出一丝端倪："大唐贞观二年十一月十三日造"。这是大佛窟留给世人关于造像年代的唯一信息。以大佛窟巨大的工程量，许多研究者认为雕凿该石窟至少需要十年时间。自唐太宗贞观二年（628）上推 10 年，是唐高祖武德元年（618），在豳州地界发生的一场著名战役——"浅水塬大战"进入世人的视线。

当时，号称"西秦霸王"的薛举、薛仁杲父子占据陇西，频频袭扰豳州，威逼长安。唐高祖李渊为解榻侧之患，遂遣秦王李世民率军西进与薛氏决战。经几番交手胜负互易，终于于武德元年（618）岁尾在浅水塬（今长武北）将薛军聚歼，大唐西患就此平息。这一场大战双方损失惨重，阵亡将士数以万

计。战后，为纪念阵亡将士及超度亡灵，李世民委派尉迟敬德监造石窟。

欧阳修曾说"为阵亡将士荐福"，这就是应福寺的由来，在大佛寺现有碑刻中也有记载。在长武浅水原唐太宗与薛仁杲交战处也建了一座昭仁寺，为敌方将士超度亡灵，显示唐王朝的仁爱之心。

北宋仁宗皇帝为其母举国庆寿时，将应福寺改名庆寿寺。长期以来，因窟内大佛太高大了，明朝以来，当地百姓只记大佛不记寺名，统称大佛寺，口口相称直到今天。历朝历代，文人墨客对大佛寺吟咏不绝，题刻众多。清代叶昌炽曾著有《邠州石室录》，详

① 护楼是大佛寺的主体建筑，共 5 层，高 38 米，起着保护大佛窟的重要作用。护楼采用因山起刹，依窟造楼的原则，结构奇巧，气势恢宏。下部两层由砖石砌成，坚固而宽阔，两边修有石阶可达平台。中间有砖砌甬洞可进出大佛窟。第二层长宽均较底层略小，正面有砖砌拱洞 3 孔，可正面瞻仰大佛，两层基座之上，是两层木构绕廊楼阁：第一层上建有献殿及楼台，近可俯视大佛雄姿，远可眺望山川风光；第二层上有小厅及楼台。整个楼阁雕梁画栋，金碧辉煌，两边有木阶可助登临。最上一层为飞檐式六角楼顶。斗拱交错，檐牙高啄，中央高悬"庆寿寺"匾额。

② 大佛窟是全寺最大的石窟，窟平面为半圆形，径约 34 米，高 31 米。窟内有一佛二菩萨石胎泥彩塑像 3 尊。阿弥陀佛（俗称大佛）倚崖居中，高 20 米、肩宽 13 米、手高 4.5 米、指长 2 米。宝石蓝螺髻护顶，秀眉慈目，两耳垂肩，金面方脸，慈祥威严；左手着膝，右手端举，掌心向外，无名指微微前屈；披衣袒胸，腰系佩带，跏坐于莲花台上，整个造形肃穆端庄，雄伟传神。

细记录了大佛寺的历代官员名人的题刻。

2014年6月，作为中国、哈萨克斯坦和吉尔吉斯斯坦三国联合申遗的"丝绸之路——'长安－天山廊道的路网'"的一部分，大佛寺成功入选世界文化遗产名录，更是声名远扬海内外，成为一处日渐兴盛的人文胜地。

千年石窟见证丝路风云

大佛寺石窟地处丝绸之路北道主干线上。东汉时期，佛教经丝绸之路传入，南北朝时逐渐达到高峰，隋唐时达到鼎盛。大佛寺石窟反映的就是这一鼎盛时期的造像状况。大佛寺石窟始建的主要原因除了为千万生灵的超度需要外，还有来自丝绸之路所馈赠的佛教信仰。石窟内的石雕、泥塑、彩绘大量反映出西域乃至印度佛教文化的很多特征，其造像设计理念与由此形成的印度、中亚、内地彼此过渡以及相互融合的艺术风格又成为丝绸之路文明交往的突出象征，完成了丝路传法与传法丝路的双重历史使命。

从形制来看，大佛寺主窟大佛洞继承了公元4、5世纪佛教自印度传入中国早期时新疆克孜尔石窟马蹄形平面并主像身后两下侧凿出礼拜隧道的做法；从结构来看，大

佛窟顶部采用了敦煌莫高窟中最为流行的仿木构房屋的横向人字披形式；从雕刻手法来看，大佛身后的背光雕刻，显示出北朝时代的佛教艺术传统。

大佛窟是全寺规模最大的洞窟，雄居石窟群的中心。窟内供奉的主尊大佛就是西方极乐世界教主阿弥陀佛，他结跏趺坐于莲台上，高 20 米，头高 5.2 米，手高 4.5 米，手指高 2 米，指甲盖半米，大佛右手着膝，左手施无畏法印，全身姿态自然丰满，螺髻罩顶，两耳垂肩，月眉凤眼，鼻直口阔。特别是那双眼睛，在又细又长的柳眉下，微微睁着，似在深情无限地俯视着茫茫世界和芸芸众生。仰观金光灿灿的丰腴面态，慈祥中透出威严，威严中又见慈祥，虔诚凝观，一股撼人的力量，透彻心扉。

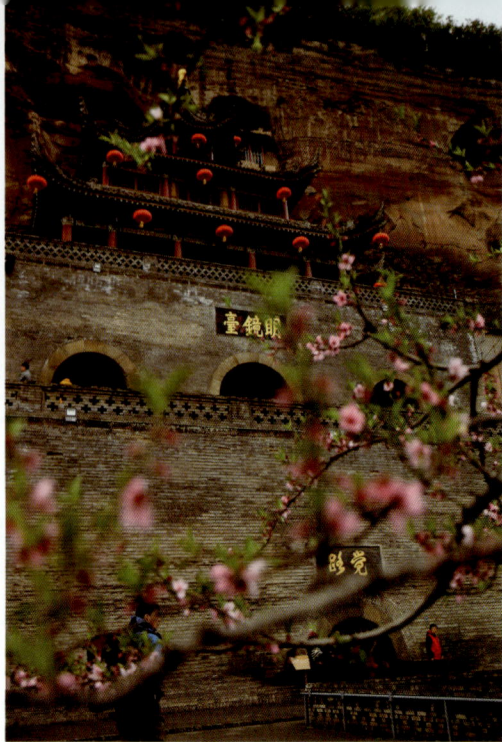

① 全寺因山起刹，依崖凿窟，雕石成像，共 130 孔洞窟，错落有致地分布于 40 米长的东西向立体崖面上。共有佛龛 446 处，造像 1980 余尊，分为大佛窟、千佛洞、罗汉洞、丈八佛窟四部分，曾被清代学者毕沅誉为"关中第一奇观"。

② 大佛寺石窟反映了盛唐鼎盛时期的造像状况。石窟的石雕、泥塑、彩绘大量反映出自西域乃至印度佛教文化的很多特征，大佛寺石窟理所应当成为丝绸之路上的一个亮点。大佛在玄奘西行的第二年，即公元 628 年建成后，成为丝绸之路北道的地标，丝路商旅见到大佛，就知道长安近了。对于研究中国佛教发展史、雕塑史、建筑艺术史，以及佛教通过丝绸之路在陕西的传播具有重要价值。大佛寺石窟是中国佛教艺术史上的一盏明灯，是唐宋史、佛学史的真实写照。

大佛两边分别站了两尊胁侍菩萨，高 17.6 米，左侧的是观世音菩萨，她以救苦救难大慈大悲深得民间老百姓的信奉；右边的是大势至菩萨，她拥有无上的智慧，她以智慧之光遍照一切。两尊菩萨也是非凡的艺术雕刻。各持法相，面相丰圆，含蓄恬静。所着锦衣，流畅自如，其形其神，无不透射出天国里的至善至美。

大佛背后的头光与背光还仍然保留着开窟时的雕刻内容与造型。在大佛象征神圣的身后光环表面，刻着火焰纹、花卉和卷草纹图案，其中还穿插了众多的飞天伎乐和坐佛形象的浮雕，展现出一派佛国世界里和谐、欢快的气氛。这些背光间的小坐佛却有着低平的肉髻、方圆的面庞，丰满而敦厚的身躯，保留了很多北周以来的造像特征。

在大佛窟两侧，众星捧月般地分布着千佛洞、罗汉洞、丈八佛等窟群，这些佛像共有的时代风格是都具有鼓胸、细腰、宽胯、头身比例适度、身躯丰满健康的体形特征。这是集人体健和美于一身的造像艺术，是从北周的丰满型佛像发展而来的新型艺术。特别是有的立菩萨像，清晰的显现着女性般的优美身体轮廓，再加上向一旁扭动的胯部，如舞蹈动作般的风姿，完美地刻画出了菩萨的妩媚与婀娜。这是大唐盛世带来的积极向上精神在出世的佛教艺术中的体现，也是唐代典型的造像艺术风格。

因年代久远，大佛两边两尊胁侍菩萨出现不同程度的损坏，当地主管部门正动用全世界最先进的科学技术进行文物修复。如今人们只能站在明镜台开放的第二层观景台上与大佛"面对面"，而底层与第三层观景台已封闭多时。征得大佛寺景区管理部门的批准，我有幸全方位近距离欣赏了大佛，神奇的一幕就在这时发生了。当站在明镜台第二层与大佛正视时，大佛的神情是法相庄严，不愠不火；当来到大佛膝下抬头仰视时，大佛的表情则极为慈祥，面露微笑；再从第三层居高临下俯观大佛时，则大佛的神情嗔然生怒。

走出观景台长长的甬道，抬头凝望明镜台上方的"觉路"两字，思忖良久，略有察觉。明镜台的"明"字似乎尤为特别，"日月明"人人皆知，但这里所见的却是"目月明"，我恍然所悟，丝路上的行旅客商来到大佛寺瞻仰之后，先前心中所有的积怨、焦虑、不快都会随着大佛慈祥的微笑瞬间不复存在。真是大佛一笑间，尘世已千年啊！

中华民族一块坚硬的"脊椎骨"

019

万里长城第一台

陕西省榆林市·丝绸之路

定边、安边、靖边……从银川到榆林400余公里，车沿G20高速公路一路西行，一道时断时续、时高时矮的明长城始终陪伴在道路两侧，而上述这些地名，似乎也透露出一丝当年边关金戈铁马的硝烟味，所有这一切的答案，都指向这次寻访的一个目的地，那就是中国长城"三大奇观"之一的镇北台。

城墙之下的沉浮

到达榆林城西已是日落时分，西边的一轮血色残阳将三公里外高高突起的镇北台城楼映照得如同燃起熊熊烈火，这不由使人联想起一场战争，一场明朝由盛及衰转折点的战争——"土木堡之战"。

在明代长城沿线，榆林堡、土木堡和鸡鸣堡是拱卫京北的三大堡。土木堡是河北省张家口市怀来县城东10公里的一个城堡，坐落于居庸关至大同长城一线的内侧，历来为长城防御系统中的一个重要组成部分。

自1368年朱元璋建立大明王朝起，到1427年明英宗朱祁镇即位已过了近六十年，明朝在世界上仍然是一个实力强盛的大国，继承先祖朱元璋、朱棣的文韬武略和丰功伟绩一直是明英宗努力追求的目标。但最终因诸多因素叠加，事与愿违，酿成恶果。

因不堪北方蒙古瓦剌军队的骚扰，1449年，明英宗朱祁镇亲征蒙古瓦剌部，不料被瓦剌军队围困于土木堡，明军大败，英宗被俘，史称"土木堡之变"。这场战争造

① 镇北台位于陕西省榆林市城北4公里之红山顶上，是明代长城遗址中最为宏大、气势最为磅礴的建筑物之一，素有中国长城"三大奇观之一（东有山海关、中有镇北台、西有嘉峪关）"和"万里长城第一台"之称。

② 镇北台据险临下，控南北之咽喉，如巨锁扼边关要隘，为古长城沿线现存最大的要塞之一，是明长城的重要组成部分。

成的直接后果，除了巨额经济损失外，明成祖朱棣留下曾横扫蒙元铁骑的五十万大军全军覆没，包括最为精锐的三大营部队亦无一幸免，京城门户由此洞开。

真是祸不单行，随着明朝开国武人勋贵集团和靖难功臣集团在"土木堡之变"后被消灭殆尽，皇帝只能通过内廷的宦官来制衡文官集团，宫廷内耗空前激烈，文武大臣和君主离心离德，国势日蹙。

正如"安史之乱"是唐朝盛衰的转折点，"靖康之难"是宋朝盛衰的转折点，"土木堡之战"标志着明朝由此转攻为守。虽然时间又过去了一百五十年，但这场战争的后遗症却远远没有消失，明朝已经陷入了周期性的衰退泥沼中，北方边防依然吃紧，为支撑摇摇欲坠的大明王朝，明朝第三次开始大规模修筑长城。

在此之前，尽管明太祖朱元璋曾长驱直入，一举击溃了漠南的元朝统治。承其帝业的成祖朱棣更是"五征漠北，三犁虏庭"，大败瓦剌部，取得了北方地区的控制权。但实际上，明朝与蒙古之间的摩擦一直存在。河套平原开阔易取，明朝中后期在面临多种问题的情况下，北方兵力戍守已力不从心，这便给了北人形成"南下牧马"之机。

时不利兮亦无奈。幅员辽阔的明帝国当时面临的问题不仅仅在大漠南北。从15世纪中后期开始，西北的吐鲁番对"关西七镇"展开了觊觎与侵扰；1523年日本封建主宗设劫掠中国东南宁波一带，酿成"争贡之

役"；西南的苗族起义更是以十年一次的频率不断爆发……在政治斗争与经济问题的双重冲击之下，这个放眼近代堪称世界强盛的帝国，最后选择了封闭与退守。

确保封闭与退守最好的方式之一就是加强长城的修筑。1607年，镇北台始建；1615年，湘黔边界的腊尔山地区出现了中国南方的第一段、也是唯一一段长城；北起辽东、南至海南岛的海防筑城，卫所交加，高墙连横，与长城亦有相似之处……

而几乎与此同时，自15世纪始，世界正悄悄发生着巨变。曾经扫荡世界的蒙古铁蹄建立起的数个巨大汗国由于种种原因开始分崩离析。当蒙古浪潮退却之后，东西方都处于复苏阶段。从镇北台所在的榆林向西1 000余公里，自武威始便是著名的河西走廊。从那里再一路向西，奥斯曼帝国即将从蒙古的统治中挣脱，延续其自中世纪以来的辉煌。翻过距离榆林西南约3000余公里的喜马拉雅山脉，今天印度境内的诸多国家也重获了独立发展。遥远的欧洲也已摆脱"上

双眼，思绪随着疾风飞扬。在 15 世纪世界焕然一新的前夜，如果这时的明朝也能登高望远，像先祖朱棣一样高举"协和万邦、海道清宁"的大旗，更好的吸纳西方先进的科技与文明成果，中国将走向何方？但是，残酷的现实告诉我，没有如果，当时中国正徘徊在几道长墙之中，走向无可奈何的封闭与沉睡。

一砖一石皆"向明"

如果把万里长城看作是一条长长的巨龙仰卧在中华大地上，东有龙头山海关，西有龙尾嘉峪关，那么地处中央的镇北台就是龙体之上一块最坚硬的脊梁骨。

站在这座古代军事要塞的高处，视野非常开阔，数十里景物尽收眼底。东南方向良田密布，水渠纵横，杨柳成行，那历尽沧桑的榆林古城、波光粼粼的榆溪河水、楼宇林立的现代化新城一览无余；西北方向则是一派塞外风光，极目天涯，云天浩渺，大漠苍茫，无数山峁和沙丘环抱着绿洲，秦长城烽火台遗迹和起起伏伏的黄土丘陵历历在目；俯视台下，见证 16 世纪汉蒙文化经贸交流互惠的易马城、款贡城遗址，好像依旧在叙说着当年的繁华；举头仰望，蓝天白云间，几行雁起雁落，使人心旷神怡；闭目沉思，眼前仿佛又闪现出当年烽火狼烟、战马嘶鸣、刀剑火拼的历史画面。

作为明长城防线最重要的组成部分和

帝之鞭"蒙古侵袭的阴霾，产生了文艺复兴，并借助先进的航海技术扬帆西进，开启了"大航海时代"，在大西洋上形成三角型的贸易链，资本主义得以迅猛发展……

登临高处，血色残阳。但见茫茫原野，来自毛乌素沙地的沙粒随着大漠疾风扑面而来，凛冽刚劲。这千年的历史，好像依然在这座烽火台上浩荡流淌，历久不息。闭上要塞之一，镇北台的地理位置是经过设计者精心考量的，它位于榆林市北约5公里的红山之上，据险临下，控南北之咽喉，如一把巨锁，扼守长城边关要隘。这里进可攻，退可守，尽显军事上的优势。明代诗人唐龙在《秋日出塞》赞道："鼓角山原振，旌旗日月明。屯兵红石峡，斩将到神京。"

在明代中叶，榆林还只是一个小小的边塞卫城，叫做榆林卫，明王朝的军事治所延绥镇设在20多里外的绥德州。由于蒙古军队不断侵犯边关，榆林和绥德又相距遥远，等敌情传到绥德，增援部队日夜兼程赶到榆林后，善于骑射、行动迅捷的蒙古骑兵早已无影无踪了。

明成化年间，四川青神县人余子俊出任延绥巡抚，他看出了这个长城军事布防上的弊端，便上书朝廷，把延绥镇治所于1473年迁到了榆林卫，同时扩建城池，增兵设防。从镇北台向东西方向眺望，可以清楚地看到逶迤在沙漠中的明长城。榆林境内的明长城大多是在秦长城、隋长城的基础上，由余子俊调用官兵4万余人依山形、随地势，历时4个月修筑而成的。东起府谷县的清水营，西至宁夏盐池县的花马池，全长1770里，沿途烽火墩台林立，36座营堡遥遥相望。传递军情报警，白天以狼烟和旗帜为标志，晚上则以明火和灯笼为号，形成了一条气势磅礴的军事防御体系。

湛蓝的天空中，勾勒出几丝淡淡的钩钩云，这是大晴天的标志。与头一天傍晚那匆

① 镇北台建于1607年，属于万里长城防御体系之一的观察所，是明长城中部的要塞之一，台为正方形，四层，外砌砖石，内筑夯土，外砌砖石，底大顶小，逐层收进，总占地近5000平方米。

镇北台共有四层，各层四面均围以女儿墙及垛口，台地面铺青砖。第一层城垣内建有守台戍卒营房，现仍存部分遗址。台的每层有石台阶可登，台依山据险，巍峨挺拔。站在镇北台之顶远眺，金沙蓝天、碧澄水库、逶迤长城、绿色林带和的城郊。

② 榆林历史悠久，古称"上郡"，早在春秋就设郡地，东晋时匈奴人赫连勃勃在榆林西部建都统万城，国号大夏。唐及五代时设为州府，宋朝时榆林被北宋、西夏和金国反复争夺占领。明朝设榆林卫，为边防九边重镇之一。因镇北台地势险要，历来为北方军事重镇。有诗文如此评价："万里长城的一块坚硬脊椎骨镇北台、永在""上台下台演王朝，进戏出戏扮将士"。

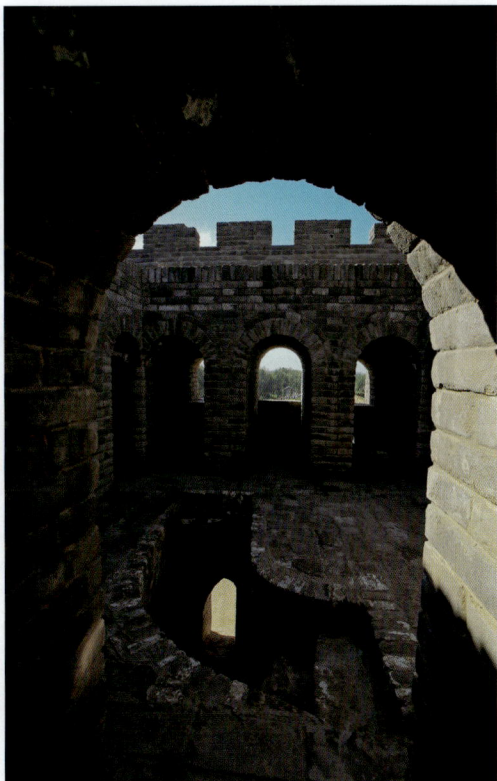

匆一瞥不同，先外城后内城，先城墙后甬道，先城下后城上，一路慢嚼细咽，细细品味。但见十几道关隘似乎都可以独成体系，但相互之间又互为犄角，环环相扣，机关密布，杀气重重。关与关之间，重重设防，只留一个不大不小、高高低低、曲曲折折的甬道，一直可以通达台顶。哪怕前一个关隘被敌方攻破并失守，自有后面的关隘继续迎战。所有感官信息汇集到大脑存储并处理后，都得出同一个结论：镇北台是专为防范蒙古铁骑而精心设计修筑的一整套防御体系。

时间再次回溯到 400 年前，明万历三十五年（1607）四月至次年七月，江西南昌人涂宗浚时任延绥镇巡抚，为确保设在附近长城边上蒙汉互市的红山市安全，开始在红山之顶修筑明长城上最大的军事瞭望台，号称长城第一台的镇北台，这是明代长城遗址中规模最为宏大、气势最为磅礴的建筑物之一，素有中国长城"三大奇观之一（东有山海关、中有镇北台、西有嘉峪关）"和"万里长城第一台"之称。

与嘉峪关、山海关等传统关隘形制不同，镇北台主体建筑呈正方梯形，叠加 4 层逐层递缩而成，总高度为 28.5 米，方正整齐，雄伟壮观。第一层台基座，北长 82 米，南长 76 米，东西各长 64 米，周长 320 米，进深 12 米。内墙高 5.5 米，外墙高 10 米，上设垛口，东墙南侧置城门，东南内侧置砖铺马道，南墙与长城相连。

第二层高 16.6 米，周长 130 米，进深 5

米。二层南台墙中开设券洞，内砖石踏步直通三层，券洞横额石刻"向明"（原有涂宗浚所书"镇北台"石刻已毁）；第三层高4.1米，周长88米，进深3米，台东外砌石踏步达四层；第四层高4.4米，周长35.4米，顶层台面面积为255平万米，四边各进深2米，正中原建砖木结构方形瞭望哨棚一间，清末坍塌，如今看上去有些空落。

各层四面均围有以高高的女墙，设垛口，台地面铺青砖，第一层城垣内屋宇环列，为当年守台戍卒营房，现仍存遗址。台东北连接明代同期修筑的款贡城，为蒙汉官员进行洽谈、举行献纳贡仪式的场所；台西侧则遗有明代易马城，是蒙汉互市的场所。

作为万里长城沿线上一座重要关隘，镇

下图　镇北台东侧有同期所建的"款贡城"，周长668米，占地约2公顷，为蒙汉官方敬献贡物、赠送礼品、洽谈贸易的城池。城池险要，与镇北台构成了完整的榆林长城建筑体系。台西南800米处，有明代易马城遗划，面积约6.5公顷，是蒙汉民间自由贸易的城池，也是蒙汉民族和睦相处的历史见证。

北台不仅被国务院列入第五批国宝级重点文物保护单位，当然也列入了世界文化遗产名录。随着时光的流逝，如今的镇北台早已没有了当年金戈铁马枕戈待旦的战争气氛，多了一份安宁，也多了一份淡淡的寂寥。只有亲临这塞上边城的斜阳古道中，凝望随着岁月消逝的长城残躯和断垣废墟，才能体悟一个民族的历史悲凄，领悟什么是大气恢宏、悲怀壮烈，什么是苍凉凝重、热血奔涌。

"易马城"：蒙汉和睦的见证

顺着长城一路西行，或北或南，东或西，沿途的景致也在不断变换。从绿意盎然到大漠茫茫，从一马平川到高原连绵。这道长城的内外，分明是两个截然不同的世界，一个是农耕文明，一个是草原文明。生活在同一片蓝天下，因为有着两种截然不同的地理气候特征，孕育了两种各有千秋的文明形态。

然而，草原与农耕文明之间并不只是矛盾与冲突。自两者诞生之日始，就相互交集，相互依赖，共同书写了一部中华民族的历史。从秦汉隋唐，再到宋元明清，这两种文明形态的故事，一直在缠缠绵绵中又分分合合，最终在各种机缘巧合下共同融入中华文明。

自匈奴冒顿单于始，与中原的互市贸易一直没有中断过。中原的铁锅、茶盐、丝绸，与北人的良马互市互换，不同民族、不同文明间的互利互惠，也曾是这里最靓丽的一道民族风景线。镇北台曾经作为易马城和供商人交易的款贡城的守护者，是明朝时期两种文明形态斗争与冲突的见证，也是两种文明固守与融合的实例。

在镇北台的东侧，有一个与镇北台同期所建的款贡城，周长668米，占地约2公顷，为当年蒙汉官方敬献贡物、赠送礼品、洽谈贸易的城池。款贡城背靠长城，环抱红山，地势险要，与镇北台构成了完整的榆林长城建筑体系。城池平面呈不规则长方形，

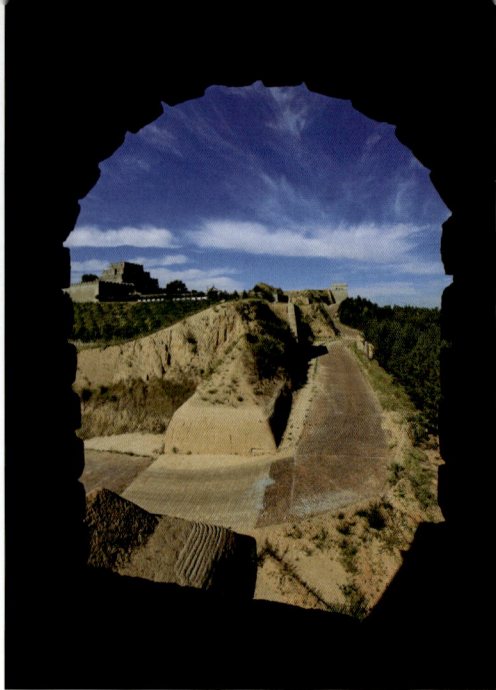

① 榆林是丝绸之路上的资源富集地区，地处陕西省北部，黄土高原和毛乌素沙漠的交界处，历史上是黄土文化与草原游牧文化汇聚交融处，也是古代中原民族与北方民族不断征伐、融合的地带。深厚的文化底蕴使榆林荟萃了众多风姿独特、雄奇壮美的自然人文景观。榆林书写的是捍卫者的悲壮史诗，守望的是千年古丝路的繁华。

② 镇北台见证了长城内外各民族交流互动的历史。"易马城"红山市蒙汉互市期，"万骑辐辏"，蒙古牧民赶着牛、羊、驼、马和驮着各皮毛，各地汉族商人携带大量布匹、绸缎、盐茶、烟酒从四面八方也来到红山市。这里牛羊成群，帐包鳞次，驼叫马嘶，人声鼎沸，一派蒙汉贸易热闹景象。

占地约2万平方米。城墙经黄土夯打，高大坚固。经历了600年的风吹雨淋后，保留至今的残垣断壁依然清晰可见。在北墙设有一城门，遗址尚存，它是当地少数民族穿越长城进入大汉族统治区域的唯一通道。

在台西南800米处，还存有明代易马城遗址，这是蒙汉民间自由贸易的城池，也是蒙汉民族和睦相处的历史见证。易马城遗

址，俗称买卖城。据史书记载，它是在明嘉靖初年鞑靼首领与明朝议和后开放的 11 个贸易市场之一——红山市，明嘉靖四十三年（1564）改称"易马城"。原为小砖城，现仅存土墙，平面呈四边形，南面有石砌的城门，占地约 6.5 万平方米。

易马城每年正月十五以后，择日开市，一次为 10 日。蒙古牧民赶着牛、羊、骆驼、马和各色皮毛到易马城，与长城以南的汉族商人携带的各种布匹、绸缎、盐茶、烟酒交换自己所需的商品。可以想像当时开市交易"万骑辐辏"的盛况，牛羊成群、驼叫马嘶、人声鼎沸等一派繁荣景象。清初杨蕴在《镇北台春望》中写道："关门直向大荒开，日日牛羊作市来，万里春风残雪后，游人指点赫连台。"

在那个时代，长城沿线上的卫所关隘，在很大程度上确保了长城腹地及中原地区的安宁。镇北台默默伫立了一百余年，戍边的目光一刻也没有停止过扫射，投向城北大漠落日胡杨一侧是警惕的眼神，而向着城南的良田农舍炊烟一侧则是眷恋的期盼。

在大力推进生态文明建设的过程中，勤劳与智慧的榆林人民创造了人类治沙史上的奇迹，昔日茫茫沙海，如今已成万顷绿洲！随着"一带一路"倡议的深入人心，榆林明长城防御体系的历史文化价值、审美价值日益显现。

时光流淌，青史不熄，镇北台与它的传奇故事还有将进一步的发掘与提炼，在中华民族伟大复兴的进程中，必将引起更多有识之士的关注、解答更多悬而未决的问题。

没有张骞出使西域，就没有丝绸之路的开辟

020

"凿空"丝路第一人

陕西省汉中市城固县 · 丝绸之路

我国提出的"一带一路"倡议，这是崛起中的中国与深刻变动中世界深度互动的最佳联结方式，让古老的丝绸之路重新焕发了生机，这是对中国走和平发展道路的最好诠释。而这条丝路的开拓者，首推两千年前两度出使西域的张骞。

丝路源点忆先贤

清明时节，松柏苍翠，寄思绵绵。一场祭祀丝绸之路开拓者张骞的"清明公祭"大典在张骞故里陕西汉中城固县举行。各方宾客相聚于此，共同缅怀这位"凿空"丝路第一人。

张骞（前 164 年—前 114 年）墓，是公元前 2 世纪丝绸之路开的辟者、汉代杰出外交家张骞的墓葬，与丝绸之路开辟这一东西文化交流的重大世界性历史事件密切关联。张骞字子文，汉中郡城固（今陕西省汉中市城固县）人，汉武帝元鼎三年（前 114 年）病卒后归葬于故里。

过献殿后，眼前豁然开朗，世界文化遗产张骞墓傲然耸立于此。墓地坐北朝南，南北长 35.6 米，东西宽 20 米，高 5 米，成覆斗形。古柏阴翳，浓郁苍翠，庄严肃穆。1938 年国立西北联合大学历史系曾对张骞墓进行了初步发掘，出土"博望□造铭"封泥一枚，加之墓前有碑石、汉代石雕等文物，确认此为汉博望侯张骞之墓。

几分清寂，几分幽深，让人肃然起敬。墓前的石碑上刻着"汉博望侯张公骞墓"几个大字，赫然在目。墓前数米外两侧的石亭

① 张骞（？－前114年），字子文，汉中郡城固，今陕西省汉中市城固县人，中国汉代杰出的外交家、旅行家、探险家，丝绸之路的开拓者。故里在陕西省汉中市城固县城南2千米处汉江之滨的博望村。

② 张骞富有开拓和冒险精神。西汉建元二年（前139年），奉汉武帝之命，由大汉帝都长安出发，甘父做向导，率领一百多人出使西域，打通了汉朝通往西域的南北道路，即赫赫有名的"丝绸之路"，汉武帝以军功封其为博望侯。

内一对汉代石虎，雕工粗犷，朴拙天成，气势雄壮，守护着张骞的陵墓。

张骞纪念馆门前的鎏金大字精准地概括了张骞的生平伟绩："探险促交融诸邦始列大宛传，凿通开丝路千秋高扬博望魂"。拾级而上，一座仿汉阙楼显得古朴而厚重，向世人诉说着历史过往。阙门两侧悬挂的对联："汉武帝北征匈奴广募贤能兴王业古今无二主，博望侯西访月氏智克奇险凿丝路中外第一人"，歌颂了博望侯张骞忠君爱国、建立奇功的伟绩。

公祭仪式上，张骞后裔等祭者身着汉服，按照汉朝祭祀礼仪共同行终献礼，献上张骞从西域引进的葡萄、石榴、核桃、胡瓜、胡豆等果蔬，并诵读《家训》，向先祖尊位行三跪九叩大礼。随后，祭祀大典主祭诵读祭文，司香生引燃焚鼎，并指引主祭将祭帛、祭文放入焚鼎，数千只白鸽同时放飞蓝天，寓意博望侯遗风、精神直达上苍，告慰伟大先贤张骞。随后，身着汉服、持祭品道具的舞者跳起乐舞《登歌》，百人儿童团体朗诵

《史圣颂张骞》《诗经颂汉中》等诗文，歌颂张骞的丰功伟绩。

今天在推进"一带一路"的过程中，需要大力弘扬这位丝路开拓者的勇敢与气魄，他不畏艰险、忠于使命、敢为人先的精神，将是中国民族复兴大业取之不竭的精神财富。

往返中国中亚第一人

公元前138年，汉朝使节张骞历经十余年的颠沛流离到达位于今天的阿富汗北部、阿姆河南岸的大夏都城蓝氏城（今阿富汗巴尔赫）。他是世界历史纪录中中国与中亚交往的第一人，《史记》称这一事件为"凿空"，这一年当称之为"丝绸之路元年"。

汉朝时，西域有广义与狭义之分。狭义的西域自玉门关以西至葱岭以东，即今天的新疆天山南北，包括准噶尔沙漠以南、西藏高原以北、巴尔喀什湖附近地区；而广义的西域则包括葱岭以西的亚洲西部和欧洲东

① 司马迁称张骞出使西域为"凿空"，意思是"开通大道"。张骞先后两次出使西域，打开了中国与中亚、西亚、南亚以至通往欧洲的陆路交通，从此中国人通过这条通道向西域和中亚等国出售丝绸、茶叶、漆器和其他产品，同时从欧洲、西亚和中亚引进宝石、玻璃器等产品。张骞被誉为"丝绸之路的开拓者"、"第一个睁开眼睛看世界的中国人"。

② 汉武帝元鼎三年（前114年），张骞病逝于长安，归葬汉中故里。

部一带。

公元前2世纪左右，即中原地区的秦和西汉初期，西域地区分布着三十余个国家，大者有几十万人，小者不过数千人。从地理分布上看，主要分布在三个地区：塔里木盆地南缘为南道诸国，包括楼兰、且末、于阗、莎车等国；塔里木盆地北缘为北道诸国，包括疏勒、龟兹、焉耆、车师等国；准噶尔盆地东部散布着姑师、卑陆、蒲类等一些小国。盆地西部的伊犁河流域，原来居住着塞人。西汉初年，居住在敦煌祁连山一带的月氏人，由于被匈奴所迫，西迁到此处，赶走了塞人，建立了大月氏国。不久，河西地区的乌孙人为了摆脱匈奴人的压迫，向西迁徙，把月氏人赶走，占领了这块土地。

西汉建国时，北方面临一个强大的游牧民族——匈奴的威胁，他们控制了中国东北部、北部和西部广大地区。匈奴奴隶主贵族经常率领强悍的骑兵，侵占汉朝的领土，骚扰和掠夺中原居民，匈奴与汉朝的战争连年不断。等到汉武帝刘彻继位时，汉朝已是空前繁荣，正准备进行一场抗击匈奴的战争。

汉武帝从一匈奴降人口中得知，匈奴曾在几十前攻打在祁连山、敦煌一带放牧的月氏部落，杀了月氏王。大部分月氏人被迫西迁，他们想复杀父之仇，但苦于无人相助。因此，汉武帝决定派使者出使西域，想联合大月氏夹击匈奴。

当时汉朝西边势力只到金城（即今天的甘肃兰州）。而且，根据传说，西域犹如死亡之地，有去无回。出使西域要有非凡的勇气、智慧与理想追求。汉中城固人张骞以郎官身

份应募,肩负出使月氏任务。公元前138年,张骞率领一百多名随行人员,匈奴人堂邑父为向导从长安出发前往西域。从长安到西域,必须通过匈奴人所控制的河西走廊,结果张骞等一行人被拘留和软禁在匈奴,并且娶匈奴妻生子,但张骞"不辱君命""持汉节不失",在匈奴一直留居了十年之久,至公元前129年,当匈奴的监视渐渐有所松弛时,张骞趁人不备,果断地离开妻儿,带领其随从逃出了匈奴王庭。

这种逃亡是十分危险和艰难的,当时张骞并不是返回家乡,而是继续西行寻找大月氏(西迁的部分称为大月氏,留在故乡的称为小月氏),他向西翻越了时称"葱岭"的帕米尔高原,到达位于今天中亚乌兹别克斯坦费尔干纳盆地的大宛国。大宛王听说汉朝富裕却无从交往,见到张骞很是高兴,并配备了向导和翻译,经过康居(今乌兹别克斯坦和塔吉克斯坦境内)到达大月氏。当时的大月氏从中亚草原南下越过阿姆河征服了希腊人的国家大夏,他们居住在城市,土地富饶,安居乐业,已丧失了复仇的心态。因此张骞此行没有达到出使的目的。

一年多后,张骞再次翻越帕米尔高原,

沿着昆仑山北麓想取道青藏高原的羌人地区返回长安，但出乎意料，羌人此时也已沦为匈奴的附庸，张骞等人再次被匈奴骑兵所俘，又被扣留了一年多。公元前126年初，匈奴军臣单于去世，张骞趁匈奴内乱之机带着妻子和堂邑父逃回长安。这是张骞第一次出使西域，共历十三年。出发时是一百多人，仅剩下张骞和堂邑父两人生返长安。

张骞不仅是世界历史纪录中从中国到达中亚的第一人，而且也是从中亚到达中国的第一人，他的路线被《汉书·西域传》记录："自玉门、阳关出西域有两道，从鄯善傍南山北，波河西行到莎车，为南道；南道西踰葱岭则出大月氏、安息，自车师前王廷随北山，波河西行到疏勒，为北道；北道西踰葱岭则出大宛、康居、奄蔡焉。"居此可知，张骞从北道西行，从南道东返，这就是李希霍芬丝绸之路的来源之一，这也是世界最早的丝绸之路路线的记录，南、北两道都位于天山以南时称"西域"的塔里木盆地，且都经过玉门、阳关和葱岭，它们是丝绸之路上三个最为重要的地理坐标。

后来，这条由张骞开辟出的玉门关经天山南北路、越过葱岭、到达中亚或者更远地方的横贯东西、融通欧亚的通道，成了千古传颂的丝绸之路。丝绸之路以其连接的文明形态之多、跨越历史时期之长而照耀

① 张骞生年及早期经历不详，汉武帝刘彻即位时，在朝廷担任名为"郎"的侍从官。据史书记载，他"为人强力，宽大信人"。即具有坚韧不拔、心胸开阔的气度，又具有以信义待人的优良品质。这正是张骞之所以能战胜各种难以想象的危难，获取事业成功的重要因素。

② 张骞不仅是中国历史上第一个走出国门的使者，打开了中国与中亚、西亚及欧洲等国交往的大门，同时，也通过他的外交实践，第一次张扬起国与国之间平等、诚信交往的外交理念，构建了汉与西方国家友好交往的桥梁，促进了东西方文化、经济的交流和发展，为中国汉代昌盛和后世的对外开放奠定了坚实的基础，产生了深远的影响，对整个世界的文明与进步注入了新的活力。

人类文明的史册。这是一条承载政治、经济、文化交流的和平之路，繁荣了一千七百多年。

丝路的文化价值永放光芒

丝绸之路诞生于张骞的凿空之旅。自春秋以来，戎狄杂居泾渭之北。至秦始皇北却戎狄，筑长城，以护中原，但其西界不过临洮，玉门之外的广阔西域，尚未为中国政治文化势力所及。张骞第一次通使西域，使中国的影响直达葱岭东西。自此，现今不仅中国新疆一带同内地的联系日益加强，而且中国同中亚、西亚以至南欧的直接交往也建立和密切起来。

张骞第一次对广阔的西域进行了实地的调查研究工作。他不仅亲自访问了位处新疆的各小国和中亚的大宛、康居、大月氏和大夏诸国，而且从这些地方又初步了解到乌孙（巴尔喀什湖以南和伊犁河流域）、奄蔡（里海、咸海以北）、安息（即波斯，今伊朗）、条支（又称大食，今伊拉克一带）、身毒（又名天竺，即印度）等国的许多情况。回长安后，张骞将其见闻向汉武帝作了详细报告，对葱岭东西、中亚、西亚、以至安息、印度诸国的位置、特产、人口、城市、兵力等都作了说明。这个报告的基本内容被司马迁在《史记·大宛传》中保存下来。这是中国和世界上对于这些地区第一次最详实可靠的记载。至今仍是世界上研究上述地区和国家的古地理和历史最珍贵的资料。

张骞此后曾直接参加了对匈奴的战争。元朔六年（前123年）二月和四月，大将军卫青，两次出兵进攻匈奴。汉武帝命张骞以校尉，从大将军出击漠北。当时，汉朝军队行进于千里塞外，在茫茫黄沙和无际草原中，给养相当困难。张骞发挥他熟悉匈奴军队的特长，具有沙漠行军经验和丰富地理知识优势的他作为汉朝军队向导，指点行军路线和制定扎营布阵的方案。由于他"知水草处，军得以不乏"，确保了战争的胜利。事后论功行赏，汉武帝封张骞为"博望侯"，封地即今河南省方城县博望镇。

汉朝随后设立了河西四郡：武威、张掖、酒泉和敦煌，并在最西边设了玉门关和阳关，这就是中国历史上的"西规大河、列郡祁连""列四郡、据两关"时期，以达到"张国臂腋（掖），以通西域"的战略目标。丝绸之路诞生于张骞的凿空之旅，形成于"列四郡，据两关"，在此后的一千多年里，这条路在世界和中国历史上扮演了极其重要的角色。

漠北决战之后，张骞向汉武帝提出结交乌孙国合围匈奴的建议，他第二次率三百人代表团出使西域。这支队伍来到位于中亚草原的乌孙，他的副使继续西行到伊朗高原与两河流域的安息（帕提亚帝国）以及中宛、康居、大月氏、大夏、身毒（印度）等中亚、西亚、南亚诸国。随后，汉使更进一步到达条枝（地中海东岸的塞硫古帝国）、黎轩（地中海南岸的插勒密帝国），中国与地中海地区有了直接的政治、经济的往来。西域诸国也派遣使节前往长安，由此汉朝与西域诸国形成了常态化的官方与民间交往，商人也沿着这条西域南道、北道进行贸易往来。西域的特产葡萄、石榴、核桃、黄瓜、苜蓿、琥珀、乐器、歌舞、良马以及以后的佛教东传，中国则以丝绸为代表将漆器、瓷器、茶叶、铸铁、开渠、凿井、金属工具以及古代"四大发明"等商品与技术西送，终于形成了由长安至地中海的"丝绸之路"。

张骞不仅是中国历史上第一个走出国门的使者，打开了中国与中亚、西亚及欧洲等国交往的大门，同时，也通过他的外交实践，第一次弘扬起国与国之间平等、诚信交往的外交理念，构建了汉与西方国家友好交往的桥梁，促进了东西方文化、经济的交流和发展，为中国汉代昌盛和后世的对外开放奠定了坚实的基础，产生了深远的影响，对整个世界的文明与进步注入了新的活力。

古代丝绸之路的贯通，表明欧亚大陆沿线各民族即使在技术十分落后的情况下，仍然追求文明的交融，其历史内涵、文化价值为我们推行"一带一路"提供了极为重要的当代意义，强调包容互鉴、亲诚惠容的合作理念，弘扬不同文明融合共处的价值，实现互利共赢的良性局面，构筑人类命运共同体。

1869

葡萄牙人与华贸易访问中国的最初门户，欧华之间实行直接贸易的最初之地

021

苦楝树下的芬芳

广东省江门市台山市·海上丝路

随着"一带一路"倡议的不断推进，国家文物局也加快了海上丝绸之路保护和申遗工作的进程。广东江门"圣方济各·沙勿略墓园——大洲湾遗址"终于揭开神秘的面纱，入选我国世界文化遗产申报推荐项目"海上丝绸之路·中国史迹"首批申遗遗产点名单。东西方文化交流互鉴的拓荒者、"无畏的航海者"——沙勿略重新进入世人的视野。

欧华最初海交"贸易岛"

南出珠江口向外西行，离大陆不远处漂浮着几座仙境般的小岛，这就是山川群岛。这里是南中国海上一串璀璨夺目的明珠，素有"南海碧波出芙蓉"之称，它是广东沿海最大的岛屿（中国第二大群岛），由一个主岛——上川岛（中国第六大岛）和下川岛等12个众星拱月般的小岛组成，全岛面积达两百三十余平方公里。从资源、战略上看，它似乎不引人关注，殊不知其在海上丝绸之路历史上有着极其重要的地位。这里是葡萄牙人与华贸易访问中国的最初门户，也是欧华之间实行直接贸易的最初之地。

举世瞩目的"南海一号"是八百多年前南宋初期一艘在海上丝绸之路向外运送瓷器时失事沉没的木质古沉船，1987年被发现并打捞成功，这是迄今为止世界上发现的海上沉船中年代最早、船体最大、保存最整的远洋贸易商船。船上载有国宝级文物数

以万计，它将是复原海上丝绸之路的历史、陶瓷史等的最佳实物佐证。它的起始港是泉州，而沉没地点就位于广东省台山市川山群岛附近海域。

在台山沿海有一个广海镇，在面对上川岛的方向迄今还完好保存一段四百余米长的残余明代古城墙，其建造年代最早为明洪武二十七年（1394），结构坚固，墙体厚实，规模较大，这对印证明清时期广东沿海海防

① ②

① ② 圣方济各·沙勿略纪念园位于广东江门台山市上川岛象鼻山西麓的一座小山坡上，远远望去就能看到一座临海而立的乳白色哥特式西班牙小教堂掩映于葱郁的密林之中，玲珑的尖顶冲出树冠，大有异域之风情。

占有重要地位，其城墙遗址是广海悠久历史的重要见证，也是我国海上丝绸之路的守护者。

还有大洲湾遗址的发现更带来了惊喜，印证了上川岛是明代葡萄牙殖民者的一处陶瓷贸易点和中转站。十余年前，台山市博物馆工作人员在大洲湾发现了明代瓷残片堆积区，因这里的沙滩散布着很多带花瓷片，所以这里也称花碗坪遗址。历年采集瓷器残片标本达三百多件，种类有红绿彩瓷、青花瓷、青花红绿彩瓷、白釉瓷等。器形以盘碗等日用器为主，也有少量的琢器如小罐、梅瓶等。纹饰题材丰富多彩，青花绘画流畅挥洒，红绿彩绘绚丽夺目，大多数是景德镇民窑产品，瓷器销往东南亚、中东、东非等地区。

上川岛曾一度为古代海上丝绸之路的重要驿站。在早期葡文文献中曾一度被称为"贸易岛"，其重要的贸易地位可见一斑。据文献记载，自1513年葡萄牙人欧维士首次到达上川岛以后，这里就成为葡萄牙人与华贸易的集散地，许多商人从广州赶来此地与葡萄牙人进行商品交易，直至1557年葡萄牙人正式入居澳门。大洲湾遗址出土的瓷片为中葡早期海交关系史增添了实物资料，其丰富的内容对研究明代中期建

历史及海上丝绸之路提供了重要史实。

广海自古就是岭南海防重镇，又是"蕃舶客航"往来中国南海海域的必经之地。早在宋代，朝廷就在广海设立望舶巡检司。到了明洪武二十七年，设立广海卫。明宣德七年（1432）设立水寨。隆庆四年（1570）倭寇侵占广海卫城后，广海就改设营寨，派兵驻守。到了清乾隆、雍正年间又增添船汛，加强海上巡逻。由此可见，广海在古代海防

立的中西海上陶瓷之路的早期历史具有重要价值。

上川岛气候四季如春、温暖宜人。因地理纬度与美国夏威夷大致相同，旅游资源可与夏威夷媲美，又被誉为"东方夏威夷"。不仅是风清月皎的自然风光，上川岛的人文历史更具厚重和魅力。早在六百多年前明朝洪武年间，岛上就有人居住，弘治十二年（1499）上川岛隶属新会县，叫"穿洲"，也称"上川洲"，光绪十九年（1893）年改称上川岛。六百多年的人文历史，见证了上川岛的沧海桑田，也赋予了上川岛深厚的历史底蕴。

"无畏的航海者"

上川岛大洲村委会新地村有一座绿叶成阴、山花烂漫的大象山，面向辽阔的大海建有一座纪念首个随海上丝绸之路来华的传教士——圣方济各·沙勿略墓园。

在中国，一提到基督教传教士，很多人首先想到的是利玛窦。但鲜为人知的是，利玛窦是沿着一位前辈的足迹来中国的，这个人就是方济各·沙勿略。西方传教士虽然随着开辟新航路的西方殖民主义者来到中国，但由于他们在传教过程中以科学为工具用来博得国人的好感与信任，客观上将近代科学的种子播撒到中国，并引起中国社会的深刻变革。从这个意义上说，西方传教士在客观上促进了东西方文化的交流和互鉴。

① ②

①②圣方济各·沙勿略纪念园凭栏尽见碧海蓝天，渔帆点点，美不胜收。临海处当地人称"花碗坪"，遗有大量青花瓷器碎片，此为明朝正德九年至明嘉靖三十六年之间的景德镇民窑产品。当时葡萄牙商队到达上川岛，在此立下一个"发现碑"（当地人称"石笋"）。并且在此走私贸易，上川岛成为葡萄牙人对外贸易的一处中转站。

① ②

① 由于明朝当时的海禁政策，来自西班牙的方济各神父当初也想通过上川岛进入广州，可惜没有成功，因病在此撒手人寰。

② 1540 年 3 月，沙勿略受葡萄牙国王邀请前往葡萄牙传教，一年后，1541 年受葡萄牙国王若奥三世派遣，以宗教特使身份到东方传教。他先后到过印度、锡兰、新加坡，马六甲和日本等地，建立了数十间教堂和修会。他在日本期间发现日本文化大部分源自中国，对中国产生浓厚的兴趣，并于 1552 年 4 月带着助手、仆人和名叫安多尼的中国籍养子乘搭一艘葡籍商船"圣十字"前往中国，从而（继唐朝与元朝之后）揭开了基督教第三次传入中国的序幕。

春回大地，我独自一人来大象山方济各·沙勿略墓园寻访，一路上鲜有行人，十分幽静。小路的尽头就是墓园的山门，轻轻地推开铁门，一条石板阶梯引人拾级而上，阶梯上铺满了白色的小花，淡淡的幽香袭人心脾。仰头一看，是苦楝树落下的花朵。远远地看到绿树丛中掩隐着高耸的白色钟楼，钟楼的顶端赫然矗立着十字架。

突然想起诗人席慕容的《写给幸福·苦楝》："就是这样一些疯狂温柔芳香过的花，孕育出来的果，却以苦字冠名，苦楝子经冬不掉，即使面色不再青绿光泽，变了褐黄乌

在东方十多年的福传生涯里，沙勿略每到一个地方，就和当地的百姓同甘共苦。他吃的食物是清水和糙米，与当地的穷人完全相同，夜间则睡在地板上。无论遇到多少风暴、困苦、疾病、危险，他都毫不动摇，福传旅程超过数千里，涉足大半个东亚地区。

墓园钟楼下方有一处平台。站在平台上，面对的是宽阔无垠，湛蓝如洗，平静如镜的大海，大平洲、小平洲、乌猪岛等小岛屿，如卫士一般拱守两侧。一个一人多高的十字架高高竖立，映衬着后面蔚蓝色的大海背景，一条渔船正好驶过，犹如展开一幅宏大的历史画卷。

1552年9月，沙勿略带着助手乘葡藉商船"圣十字"号到达上川岛。继唐朝与元朝之后，沙勿略揭开了基督教第三次传入中国的序幕。当时该岛为葡萄牙商人与中国沿海居民进行走私贸易的据点，而明朝政府对外国人入境实行严格的控制，沙勿略想到中国传教的计划受到阻碍，当他千方百计找到船之后想到中国大陆时，却不幸染上疟疾，病入膏肓。由于缺医少药，他的身体每况愈下，终于在12月3日逝世，享年46岁。

方济各·沙勿略墓堂为西班牙古式建筑，蔚为壮观。缓步踏入墓堂，两排木质长椅的尽头安放着方济各·沙勿略的石棺，棺前有一块石碑上刻有一段中葡文字："康熙三十八年，方济各·沙勿略。"墓堂四面墙上挂有两组图画，一组描绘耶稣蒙难始末，一组列叙沙氏东来事迹。走出墓堂，来到下方

黑，起皱开裂，也都牢牢挂在树枝上，忍着风刀霜剑的催逼，直等到下一个春天的到来，才入土稍歇，扎根发芽。"苦楝树站在这里与沙勿略朝夕相伴，同沐日月，真是再好不过的归宿了。

1541年，沙勿略接受教廷的任命，以罗马教廷大使的身份来到亚洲。这是一次前途未卜的旅程。他给朋友的一封话别信里这样写道："我这一生能留下些什么，其实我已很清楚，我们唯有透过书信才能相聚——不过相信在另一个国度里，我们能面对面互相拥抱。"

一个临海处，这是当年沙勿略亲手挖掘的一口水井，井水甘之如饴。

曾有人称沙勿略是"无畏的航海者"，因为他是最早来东方传教的耶稣会士。沙勿略虽然未能进入中国大陆传教，但他的努力始终激励着他的同道，直至撞开中国的大门。尤其是沙勿略主张的最富有人文意义的"适应"策略 —— 强调在不同的文明之间要相互适应而不是对抗。之后，来华的传教士利马窦、汤若望等前仆后继，按照他的策略行事，促使中西方文明交融互汇。

转过教堂，循后山之路攀一百八十级石阶，登上山顶，便是沙勿略墓碑，上刻："耶稣会士泰西圣人方济各·沙勿略尔于大明嘉靖三十一年壬子之冬升天真迹 崇祯十二年

已卯众友立碑。"现在，每年都有很多中外人士来此凭吊寄怀。南海之大，散布的岛屿不计其数，然以此中西文化交汇之所，唯上川岛而独有之。

归途之中，回头远望，只见墓堂钟楼的白色哥特式尖顶冲出绿色的树冠，沐浴着夕阳的余辉，凝视着东方。而在不远处，海潮一阵阵有节奏地拍打着海岸，永不停歇。

① ②　① ② 方济各·沙勿略墓园始建于 1552 年，是明朝延至清朝中西宗教文化交流的重要遗址，为研究海上丝绸之路对中国文化、宗教等方面的影响提供了重要证据，具有很高的历史价值。上川岛是珠江口外一处重要的地理屏障，为古代东西洋航路的要冲，也是海外船舶来往的必经之地。据文献记载，16 至 17 世纪经过上川岛的航海线路有 9 条之多。欧洲十六世纪早期的航海地图中称上川岛为贸易之岛。

岭南海外通商贸易的特殊载体，海上丝绸之路的见证和延续

022

"南洋村"的黄金时代

广东省江门市台山市 · 海上丝路

秋阳高照，稻谷飘香。作为珠江支流之一的大同河流经江门台山域内时显得格外平静而从容，波光粼粼的河面沿岸散落着许多整齐划一斑驳陆离的西洋式骑楼老屋，仿佛在岁月的长河中述说着曾经的辉煌。这些当地人称为"南洋村"的侨墟，既是台山当地的集市，又是中外海上贸易的中转站，当年我国海上丝绸之路许多大宗物资就是通过岭南台山的这些侨墟发散到世界各地。

大同河畔的历史剧本

清晨，岭南秋天的太阳似乎很不情愿的从地平线上升起，汀江墟还沉浸在岁月的梦境中，一部《让子弹飞》的电影突然划破黎明前的寂静，唤醒了已落寞近百年的汀江墟。电影的热映把世人的视线引向一个叫"鹅城"的地方，而"鹅城"的电影实景地就是岭南最负盛名的"南洋村"之一 —— 汀江墟，也叫梅家大院。

早在 16 世纪，作为中国南方海上丝绸之路的重要节点之一，台山川岛地区就是中国与葡萄牙进行最初贸易活动的重镇。而建于 1932 年台山瑞芬镇的汀江墟，在百年之前的这场中西方商贸活动浪潮中拔得先筹。

大同河是台山境内第一大河 —— 大隆洞河中游河段的称呼。它河面宽阔，水深流

① 梅家大院（即汀江墟华侨建筑群）位于端芬镇大同河畔，于 1931 年由当地梅姓华侨以及侨眷侨属创建。大院占地面积 80 亩，108 幢二至三层带骑楼的楼房，呈长方形排列，鳞次栉比，整齐划一，中间有 40 亩专供商贩摆卖商品的市场空地，俨如一座小方城，故有"梅家大院"之称。

② 梅家大院始建之初，其规划设计是业主将各自旅居国的风情和建筑特色融入于中华建筑艺术之中，大院建筑群既表现出欧美国家建筑风格，又体现了中国传统的建筑艺术。虽然每幢楼宇规划整齐，但外型却各异，既领先于当时墟镇的建筑潮流，又在一定程度上反映当年侨乡人民的思想和生活水平。整个大院的每幢建筑物经过了 70 多年的风雨侵蚀，但原貌保留较为完整。

缓。在很多岭南人的眼里，这不仅仅是一条河，更是一条水路交通的"黄金水路"，上演了很多台山人"下南洋"的精彩大戏。从1771年开始，就已有许多台山人划着舟辑，顺着这条河驶向广海。

广海湾，就是进入南海的出海口，从南海可以直通港澳、东南亚以及澳洲等国，甚至可以横渡太平洋，到达美洲大陆。因为便利的水陆运输，使汀江墟成为台山乃至整个五邑地区侨民出海的"第一港"，也是海上丝绸之路和南粤古驿道的重要节点。

鸦片战争时期，由于岭南地区自然灾害频发生，美国又兴起铁路修建大潮，此时急需大量劳工，五邑地区开始出现移民之风。发达的水运开启了五邑先人移民的大门。

到了清末民初，台山商贸日益兴盛，慢慢衍生出华洋互融的商业活动新局面。当时，大量侨汇资金涌入台山地区，带动了繁盛的集市贸易。在此大背景的驱动下，原先设施简陋的墟市已不再适应大型商贸活动，固定且成规模的店铺经营势在必行，侨墟这种兴于台山的特殊建筑群便应运而生。

汀江墟（梅家大院）、上泽墟、海口墟……这些混杂了南洋、欧美风格的洋房以及贸易集市，就是当年海上丝绸之路在岭南留下的深刻"印记"，也是凝固的历史剧本。一百年前，侨墟仅在台山就有一百多余处。虽经岁月流转历史变迁，目前台山还保留侨墟八十余处。端芬镇是台山桥墟最为集中的地方，现还存有侨墟十余处，其中以汀江墟——梅家大院最具代表性。

梅家大院古今传奇

太阳刚从骑楼高高的屋顶探出头来，梅姨与女儿梅英就拉开了一天劳作的序幕，晒制陈皮是她们每天重复次数最多的一项农作，也是梅家大院各家各户生活的重要经济来源之一。对面的王家阿婆则在大院空旷的水泥地上翻晒刚收割的稻谷，数十只走地鸡面对散落一地的稻谷碎屑兴奋不已，低首快速啄食，享受一年一度的"免费大餐"。对这一切早已司空见惯的数条黄色家犬则眯缝着双眼，趴在向阳处享受着秋日暖暖的日光浴。

汀江墟因居民大多梅姓便被称为梅家大院。1932 年，台山当地许多归国华侨和侨眷采用股份制的形式，筹资兴建了岭南这座著名的侨墟。始建之初，先侨们将各自旅居国外的所见所闻以及异域风情和建筑元素汇融入这座侨墟的建筑之中。

整个大院占地三十余亩，沿大同河东侧而建。整体造型成回字形，东西、南北对向，中间广场将近有六千平方米，是大院最重要的公共活动空间，所有骑楼的大门皆开向广场，看上去宛如中国的传统院落。

初时这里由一百多幢两三层柱廊骑楼组成，现尚存八十余幢。每座洋楼均中西合璧，洋洋大观。一式采用两根方柱承托二楼前座，成为遮阳挡雨的西洋式骑楼。骑楼的立面均刻有灰雕，装饰花纹各有千秋。每家的窗户都镶嵌七色进口洋玻璃。骑楼下方是连成一片的长长走廊，廊内顶饰花里胡哨，至今仍熠熠生辉。

走进几家保存完好的骑楼细细观赏，它们在建筑材料上多采用进口水泥、钢筋和彩色玻璃，全为混凝土结构，牢固厚实。西方建筑中常见的元素，如柱式、拱券、山花、阳台等，均成为骑楼立面的重要组成部分。在大院内抬头细观，骑楼还呈现了西方不同历史时期的建设风格，如文艺复兴、巴洛克、新古典主义等。置身其间，恍如时光倒流，一时间分不清这是在中国南方还是在欧洲古镇。

这种以廊柱式骑楼建筑群为主形成的集市广场式墟镇，是台山人的首创，是他们借鉴和运用欧美广场集市形式"洋为中用"的成果。建成之后，梅家大院不仅是中西方建筑文化交流互汇之所，更是成为台山一处中外贸易交流的昌盛之地。当年这里人烟稠密，万商云集。大同河上，装满各式货物的船只往来穿梭。墟镇商铺，交易之声此起彼伏不绝于耳。华洋杂货、茶楼酒肆、金银首饰、五金日用、油米蔬果、布匹鞋帽……各式商品一应俱全，声名远扬。

没过多久，汀江墟在民国时期便成为广州、香港等地货物运输的重要集散地之一，

成为远近闻名的一个"超级市场"。不论是古老的丝绸、茶叶和瓷器，还是现代的"五金"等物资，都在这里聚集，发往东南亚及世界各地。每天一早，墟镇上的商人们聚集在银楼前排队，等候兑取发往海外货物寄来的汇票。日落时分，一艘艘船只靠泊临水而建的墟市等待装运。今天能够见证当年空前盛况的是仍然默默耸立于梅家大院中的各式商楼：德信联、益信联、荣兴堂……

在此之前的台山墟镇都由一姓操纵墟政管理和进行商业活动，排挤异姓商户的潜规则屡见不鲜。而汀江墟却打破了常规陋习，采用欧洲集市广场的结构模式，骑楼商铺为坐商，流动小贩指定在广场四周街区活动。墟市实行西方股份制管理方式，以"改良市政，自由营业"为宗旨，大到墟政决策、公款使用、铺地分配、经营范围，小至摊贩位置、卫生环境，都做到了有章可循。

在一间伍姓杂货铺中，至今仍保留了一份当年梅家大院"众筹"建房的历史资料——汀江墟股份簿。上面清晰地记载了当年梅家大院的用地规划、建筑平面设计以及每户业主的各类信息。当时汀江墟的建设实行股份制，共有104股，其中梅氏家族共出资52股，占了总股本的一半，为第一大股东。

① 梅家大院林立的骑楼背后是中国南粤古驿道，继而辗转走向梅家大院后方的大同河，岸边绿树婆娑，塘水掩映，河中一里三桥风光秀丽，当年华侨们就是从这条河出发，坐小船到外海再下到南洋。

② 在台山，最不缺的就是各色洋楼，这些带有深深故土情结的华侨们，在上世纪初就开始出资建设自己的家乡，每一栋精美洋楼的背后都有着说不完的故事。外出务工的人会有一种衣锦还乡、落叶归根的情怀，华侨亦然。他们在外勤俭节攒一生的财富，或者遣返故土，或者点滴寄回，建房置业，营商求富。

老板伍振平说，当年他父亲用一篮子的"袁大头"购买了这座骑楼，伍振平在这座老屋一住就是六十多年。

人事有代谢，往来成古今。昔日称雄岭南一隅的汀江墟已经繁华不在。那些骑楼、银号、商铺虽现斑驳之象，但大体仍保存为完好。清一色中西合璧风格的骑楼一间连着一间，昔日的繁盛景象仍依稀可辨。

梅姨的小店铺里还经营现做现买的岭南特色小吃龟龄膏，我与她闲聊的话题总离不开梅家大院的前世今生。现在大院里还有不到十户的原住家仍坚守着祖屋不忍离开，有很多原住户因为出国等原因离开了故土。在选择留守的村民中，大多也是上了年纪的人。落寞，是今天梅家大院的常态。

攀上梅家大院西侧正中一家骑楼的制高点向下俯视，整个汀江墟立马映入眼帘，眼前不由浮现出电影《让子弹飞》的画面，北洋年间，南部中国，乱世枭雄，一场混战。在英难与兵匪斗智斗勇的故事背后，那些历经风雨的碉楼骑楼、老镇城墙，仿佛穿越百年沧桑，跃然于空灵的天地之中，这些既令人赞叹，又使人唏嘘的建筑奇观和人文历史，俨然已成为一部波澜壮阔的近代历史剧本。

岭南移民之路的活标本

海上丝绸之路既是一条商贸和国际移民之路，也是一条中西方文化交流互鉴之路。侨商通过侨墟，在进行国内外商品贸易的同时，不同属性、特色的中西方文化也在此交流与融合，并结出丰硕的成果。

东南沿海是中国海上丝绸之路的重要航段，其中广东、福建尤为重要。早在唐宋时期，广东、福建沿海的先民就成为这条航路远赴东南亚、南亚、北非等地谋生的主要人流。当年运载福建和广东潮汕、梅州移民的"红头船"，运载五邑以及广府地区移民的"大眼鸡"（广东香港商人结成商船队外出经商，商船船头油成红色，上画有大眼鸡，俗称"大眼鸡"），成为这条海上丝路的重要组成部分。

伫立在台山各地近百处侨墟里，也在百年光阴中，见证着华侨先民的奋斗史。唐宋以来，在中国南方海上丝绸之路航线、中外贸易中起到重要地位的地区，不仅是海上丝绸之路移民的重要迁出地，而且也成为中外文化的重要交融之地——"侨乡"。如福建的泉州、漳州，广东的潮州、广州、江门等。

在 20 世纪初，新宁铁路（继潮汕铁路之后，中国第二条商办铁路，全国最长的侨办民营铁路）修建之前，江门台山、开平、恩平、新会等出洋谋生的移民，顺内河坐船到台山广海，再从广海登上出洋的海船经上下川岛前往东南亚、大洋洲、美洲等地。人员的大量流动，也带动了这些地方生产的物资、传承文化的大流动。这种流动也是双向而多元的，在中华优秀传统文化向外传播的同时，外域的先进文化等也传入移民的主要迁出地，并被当地民众吸收、融合，形成了中华文明独树一帜的侨乡文化。

台山是广东无人不晓的中国第一侨乡，自1771年台山人下南洋谋生起这条国际移民之路就没有中断过。尤其在1920—1937年间，奔向海外谋生打拼的台山人形成了一股独特的回乡"建设大潮"，他们怀揣着浓厚的家国情怀，沿着家乡交通便利的公路、水路、铁路边修建起一座座以中西合璧建筑理念为标志的碉楼、墟市。这是一种有意识、大规模的投资和规划，以对外贸易和地方集市为主要目的的侨墟由此形成并成气候。

"青石板，老墟街，柱廊骑楼长河畔，华洋交融趁墟日"。每逢月中的3日、8日，四邻八乡的百姓在墟市聚集，丝绸、药材、五金、日用等华洋杂货琳琅满目，这里既汇集了来自世界各地的"尖货"，又汇集了销往海外的各种地道的中国商品。这真是万商云集，盛极一时。

因此，在台山、开平等地出现了不少"南洋村""缅甸村"，这些具有鲜明中外文化交融互鉴特色的碉楼、墟镇、别墅、学校、教堂、村落等景观，不仅带有鲜明的欧美文化元素，还包含东南亚、南亚、大洋洲文化的特色。这些典型和直观的文化遗产，凝聚了南洋华侨的心血，也反映了海上丝绸之路的历史。

经历数十年的繁荣之后，侨墟不断面临严重危机。1939年，日本入侵广东，国民政府下令拆除新宁铁路，台山众多墟市依仗的贸易生命线被掐断。而此后不断燃起的战火硝烟，终使其陷入不复的境地。

如今，在台城、赤坎、斗山等一些墟镇还可以看到当年气势非凡的廊柱式骑楼遗存，但都透露出一种昨日黄花的萧条之气，早已没有了当初九衢三市、门庭若市的"人气"。不管怎么说，作为海上丝绸之路和国际移民之路的活标本，台山侨墟这种特定历史条件下的文化现象，不仅是海上丝绸之路的见证，也将在"一带一路"倡议中延续，将永远彪炳史册。

下图　驻足于进梅家大院，眼前一栋栋气势不凡的骑楼建筑，充满了异域情调，折射出侨乡蓝色文明的气质。这些建筑，完全出自本土工匠之手，华侨们只是提供了在外侨居时的建筑图片，而这些工匠按照自己的理解，加上曾经闯荡海上丝绸之路者们的建议，竟也建造出这样中西合璧、亦洋亦中的地理性标志建筑。

佛教中国化南国圣地，岭南佛教丛林之冠

023

南国第一佛门驿站

广东省广州市·海上丝路

我在广州寻访海上丝绸之路遗存的第一站是光孝寺，因为粤语有谚："未有羊城，先有光孝。"在海上丝绸之路上展开的中西文化交流精彩纷呈的壮美画卷中，广州堪称其中最浓墨重彩的一笔。站在光孝寺门前的广场上，南国飒飒清风拂面而来。古刹钟声悠扬绵长，这"西来古岸"之声，叠加着激荡千年思想碰撞发出的回响，已在羊城上空响彻千年。

佛教入华的"滨海法窟"

佛教是世界三大宗教之一，产生于公元前六世纪的古印度，公元前三世纪被定为印度国教并开始向国外传播。大约在两汉之际即公元前后佛教传入中国，南北朝时期在全国广泛传播并出现了很多学派，至隋唐臻于鼎盛。而岭南地区的佛教传播既受到中原地区的影响，又因地处南海之滨，很早就感受到来自印度的"海潮音"。

丝绸之路在人类文明历史长河中发挥着重要作用，丝绸之路不仅是古代贸易的线路，也是一条宗教文化传播交流的通道。宗教的传播和交流，往往伴随着商品贸易活动的频繁而兴盛。"广州通海夷道"也是一条传播"海潮音"的重要渠道。佛教入华传播的海陆两条路径恰好与中西方贸易的海陆丝绸之路完美吻合。

佛教从印度传入中国，分为海陆两路。陆路经西域丝绸之路传入，海路则由海上丝绸之路传入广东。海传之路初始以泉州开元寺等为起点，至唐宋时，广州一跃成为海上丝绸之路的第一大港口，既是承载中西文化、贸易的交流平台，也是佛教自印度传入中国的重要场所。作为海上丝绸之路的东方发祥地，广州自古就是佛教来华的重要通道，有"滨海法窟"之称。

除了陆路法传之外，海传之路都绕不开广州。经锡兰、马来半岛、越南到达中国南部的交趾、广州。自汉代就开通了岭南直到印度南部的"遣使贡道"。在历史文献中，印度人眼里的广州就意味着"中国"。从汉代起，印度等海外佛教高僧就络绎不绝到达广东，岭南实际上就是佛教传入中国的重要入口和基本通道。

东汉中期至三国时，中国第一个大小乘兼修的僧人康僧会、第一篇兼述大小乘经义的汉传佛教论文《理惑论》、第一本大小乘结合的译著《法华经》均诞生于岭南。东晋时，昙摩耶舍在广州创建王园寺（今光孝寺），翻译佛教经典，广收善众门徒。梁武帝时，天竺僧人智药禅师由广州沿江北上至曲江曹溪，创建宝林寺（今南华寺）。稍后，菩提达摩西来东土，首踏今之广州，创建西来庵，至今仍有"西来初地"圣迹。

六朝至唐初期间，南亚、东南亚不少僧侣都从岭南进入中国，活动主要是译经和传道。译经则分自译、共译、传译三类，中国古代佛教四大翻译家真谛与不空都有在广州译经，广州光孝寺是当时有名的译经道场，真谛在广州今光孝寺居住达 12 年，翻译大量的经论及义疏，开创摄论学派，对佛教义学影响很大。僧侣将佛经由梵译汉，这是中古时代影响深远的文化输入，这批从海上来的精神舶来品首先在广州登岸然后向内地扩散。

到了唐代，佛教密宗也通过海路传入中国，不空于天宝元年（742）泛海到广州法性寺（今光孝寺），建立灌顶道场传授密宗。神龙元年（705）中印度僧般刺密谛在法性寺译出《楞严经》，这是一部显密共弘的经典，对中国佛教产生较深影响。

市舶司是宋元以来在东南沿海地区设置的对外海上贸易活动的管理机构。市舶司

① 光孝寺在中国佛教史上具有重要地位。自从昙摩耶舍在此建寺讲学以后，先后有许多名僧也来此传教。如南北朝梁朝时代，印度名僧智药禅师途经西藏来广州讲学，并带来一株菩提树，栽在该寺的祭坛上。唐仪凤元年（676），高僧慧能曾在该寺的菩提树下受戒，开辟佛教南宗，称"禅宗六祖"，为该寺增添了不朽的光彩。749 年，唐代高僧鉴真第五次东渡日本时，被飓风吹至海南岛，然后来广州，也在此住过一个春天。

② 广州有民谚："未有羊城，先有光孝。"至今已有一千七百多年历史的光孝寺，是禅宗六祖慧能妙答"风幡论辩"、落发受戒和"开东山法门"的道场，被海内外信众奉为佛门圣地，常年香火鼎盛。

有招徕远夷和招待京官之职责，外夷来华，曾多次假广州大佛寺、光孝寺予以接待，并以大佛寺为外夷学习礼仪之所，这些举动无疑促进了岭南佛法的弘传。宋以后从海上丝路来广东的海外佛教高僧日稀。明清易代之际，岭南佛门涌现移民潮，而粤人"敦尚节义"的特征，充分体现儒释合流的特色。

岭南佛教丛林之冠

座落在广州越秀区老城厢的光孝寺素有"岭南第一古刹"之称，寺内建筑宏伟，荟萃了各个时期佛教艺术的精品，天王殿、大雄宝殿、六祖殿、伽蓝殿、洗钵泉、瘗发塔、东西铁塔、大悲心陀罗尼经幢等，无一不是千年佛路沉淀的精华所在。称光孝寺是岭南

历史最悠久、影响最深广、规模最宏大的佛寺一点都不过分，不愧为佛教中国化的一处圣地、岭南佛教丛林之冠。

作为中国沿海最早的佛教寺院之一，这里既是西方梵僧远渡重洋到中国传法的第一个佛门驿站，又是中国僧人从海路去西天取经的始发港，还是历代高僧大德游历岭南的必到之地。它以深厚的文化内涵展现了佛教沿海路进一步传至中国并实现中国化的历史进程，是广州成为海上丝绸之路起始港的重要见证。

与寺内处处供奉的鲜花相对应的是光孝寺一千七百多年的厚重历史。据《光孝寺志》载，光孝寺最初为南越王赵建德的故宅。三国时代，吴国虞翻谪居于此，世称虞苑。而后寺名曾几次更改，东晋隆安五年（401）称五园寺，唐代称乾明法性寺，五代南汉时称乾亨寺，北宋时称万寿禅寺，南宋时称报恩广孝寺，不久定名光孝寺。如今光孝寺的匾额"光孝禅寺"是明成化18年（1482）宪宗朱见深所赐。由于光孝寺建寺历史悠久，故被尊为禅宗明庭而驰名中外，这正如该寺天王殿楹联所题："禅教遍寰中，兹为最初福地；祇园开岭表，此是第一名山。"

达摩、不空、慧能、义净等许多中外高僧都曾经在此弘法布道；《摄大乘论》《俱舍论》《楞严经》等许多重要的佛教经典在这里被译成中文。光孝寺不仅是中国南宗禅寺的初地，也在中国密宗传播史上占据一席之地。光孝寺以其独特的人文情怀造就了独

① 光孝寺大雄宝殿东西两侧有两座铁塔，这是南汉国在广州遗留下来的古迹。西铁塔建于南汉大宝六年（963），清末时塔殿倒塌压坏四层，现剩下三层。东铁塔是南汉大宝十年（967）建造，高7.69米，共七层。这座塔的基座上有盘龙图案和莲花宝塔，铸造得十分精细，这可算是国内发现的最大、最古老、最完整的铁塔了。据史书记载，在清代乾隆年间，这座铁塔上还曾有过千只贴金的小佛像，所以它又叫"涂金千佛铁塔"。

② 光孝寺在中外佛教文化交流中发挥了重要的作用。佛教从印度传入中国，一般认为分海路和陆路。陆路经西域"丝绸之路"传入，海路则由"海上丝绸之路"传入广东。广州是"海上丝绸之路的东方始发港"，位于广州市中心的光孝寺，于是成为中外高僧往来传法的重要基地：既是西方梵僧远渡重洋到中国传法的第一个佛门驿站，又是中国僧人从海路去西天取经的始发港；还是历代高僧大德游历岭南必到之地。

特的历史魅力，使它在岭南文明中具有不可替代的分量。

"海丝"催生岭南文化兼容并蓄

一方水土育一方人。梁启超曾言："中国传统文化实以南北中分天下，北派之魁为孔子，南派之魁为老子，孔子之见排于南，犹如老子之见排于北"。黄河文明孕育了儒家文化，长江文明催生了道法自然，而珠江文明孕育了顿悟禅宗。孔子与老子思想代表了农耕文化，而禅宗则体现了岭南海洋文明的特征，展现了岭南文化的兼容并蓄。

岭南佛教文化源远流长，体现出浓厚的海派精神与南宗风范，堪称中国海洋佛教的代表。特别是禅宗的创始、生存与发展繁荣，与海上丝绸之路息息相关、密不可分。由于岭南地区海路的通达，使海外宗教的影响要比其他地方来得更早。海路的通达不仅便于贸易，更催生了岭南人重商务实开放，容易吸收外来文化的特性。

最早传入岭南的佛教，陆路无文献记载，泛海记载则是在三国孙亮五凤二年（225）西域人支彊梁接。海路运输的便捷

使得佛教的经典理论大量传入，从而使岭南具有得天的优势创立南宗禅。南宗禅以农禅为主，务农中习禅，务实性突出，也正是务实性和平民化使禅宗在宋之后能得以昌盛的原因之一。

南宗禅在岭南地区的兴起与岭南文化中的海洋文化特质密不可分，兼容南北传统文化的特征更为明显。一方面，老庄道法自然、抱朴守真、不为礼仪所拘的思想易被岭南接受。另一方面，因中原官员贬谪的缘故，儒家文化的精髓也渗透岭南文化之中。因此，慧能的禅学思想中，既有"明心见性"与儒学"性善论"相一致的观点，也有"无念为宗"与道家"清净无为"相吻合的特点。禅宗将佛教彻底中国化，是对岭南社会文化中的平民文化、外来文化兼容并蓄作出的一大贡献。

① ②

① 光孝寺的建筑规模雄伟，为岭南丛林之冠。它不仅在佛教历史上占有重要的位置，并且开创了华南建筑史上独有的风格和流派。建筑群中尤以大雄宝殿最为雄伟，东旨时代创建，唐代重修，保持了唐宋的建筑艺术，殿内采用中间粗、上下略细的梭形柱，大殿下檐斗拱都是一跳两昂的重拱六铺作，这种风格是中国著名古建筑中所仅见。

② 达摩、不空、慧能、义净等许多中外高僧，都曾经在光孝寺弘法布道；《摄大乘论》《俱舍论》《楞严经》等许多重要的佛教经典在这里被译成中文；光孝寺不仅是中国南宗禅的初地，它在中国密宗传播史上也有着特别重要的地位，不空是中国佛教密宗的创始人之一，他的首次传密活动也正是在光孝寺举行的。

浸润于海上丝绸之路的长期对外交往，培育了广东人独立、务实、重商的精神，也使广东人比较早的接受了市场经济和现代科学思想。正是由于这种"海丝文化"的基因，让近代科学得以在广东迅速落地生根，培养出邹伯奇、詹天佑、梁启超等一大批著名的科学家与国家栋梁之才。随着时代新篇章的开启，勇立潮头的广东人在"一带一路"的大舞台上，发挥着越来越举足轻重的作用。

承载了千百年以来虔诚的取经者与传法者梦想的丝绸之路，如今在"一带一路"倡议下，焕发出新的活力和不竭的生命力，在构建"人类命运共同体"的过程中充分发挥佛教的"文化担当"，这一定能为"一带一路"建设和沿线各国人民带来更多的福祉。

东亚古建筑交融互鉴之典范

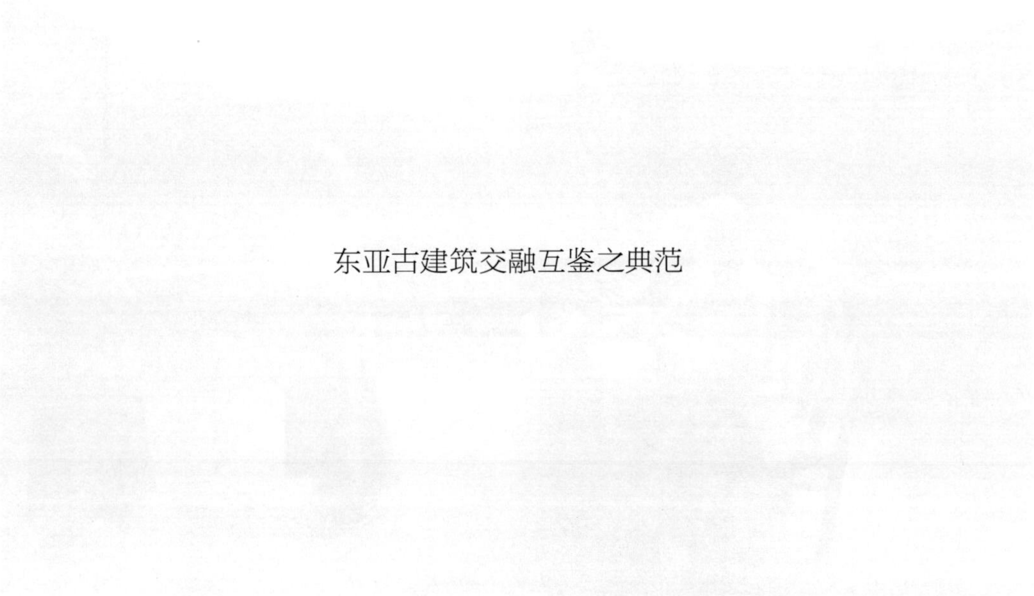

024

千年古寺的"海丝密码"

浙江省宁波市·海上丝路

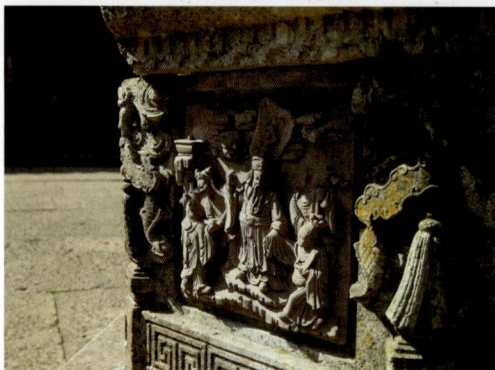

①
②
③

① 随着海外贸易的发达，海外交往频繁，从宁波（明州港）出发到东北亚、东亚、东南亚的人很多。以保国寺为代表的江浙一带建筑对海外有相当的影响。

② 现在韩国的修德寺大殿，跟保国寺大殿的建筑体系非常相似。据史料：南宋到元朝，从宁波到韩国往来的船只很多，修德寺大殿构架特别与中国南方的建筑相似，比例十分接近保国寺。但这足以说明中国宁波地区和朝鲜半岛的建筑艺术产能够产生关联，完全是当年海上丝绸之路文化交流的结果。

③ 保国寺天王殿前两座唐代经幢保存完好，东侧者建于大唐文宗开成四年（839），由幢座、幢身、幢顶组成，八边形平面，幢座采用须弥座式，束腰部分每面做一壶门，内雕一佛像，座顶刻仰莲及卧龙，幢身刻陀罗尼经，幢顶于飞檐上覆一带云纹的顶盖，其上应有宝顶，已缺失。这座经幢，比例匀称，造型古朴。此幢原藏宁波慈城普济寺。西侧的另一座经幢也为唐幢，建于大中八年（854），也为八边形幢，但比例造型不如前者。此幢原属鄞县永寿庵。据《鄞县志》载，"此幢本刻尊胜经"现字已漫漶不清。

宁波最古老的"无梁殿"神话保国寺，不仅是 11 世纪中国南方木构建筑的唯一遗存，它所隐藏的诸多不为人知的"海丝密码"，见证了一千年前宁波区域建筑文化通过海上丝绸之路传播的历史。

北宋《营造法式》孤例

755 年唐代"安史之乱"后，社会经济凋敝，赋税复重，民不聊生，百姓纷纷出家以寺院暂避祸难。唐武宗会昌二年至五年

（842—845），官府下令拆毁寺宇，勒令僧尼还俗。数以万计寺院被毁，灵山寺也没幸免。35 年之后，唐广明元年（880），宁波国宁寺僧可恭只身前往长安，上书朝廷，请求复寺，获得恩准。当时 18 岁的唐僖宗被黄巢起义军逼近长安搅得心惊胆战，或许为乞求获得天助的护国力量，赐名"保国寺"，这就是保国寺寺名的由来。

保国寺位于宁波西北郊灵山山坳"东来第一峰"下，始建于东汉，原叫灵山寺，唐时复建赐名保国寺。重建于北宋大中祥符六年（1013）的"江南一绝"的保国寺大殿穿越千年沧桑，依然巍然屹立，当属奇迹。

在建筑学上，保国寺的地位不亚于北京故宫。它并不是以宗教寺庙闻名于世，而是以精湛绝伦的建筑工艺书写了自己的辉煌。寺内的大雄宝殿（又称无梁殿），是长江以南最古老、保存最完整的木结构建筑之一，有"中国南方古建筑的活化石"之誉。

大殿的木作工艺手法与中国第一部建筑典籍、宋代的《营造法式》有诸多相似之处。据清华大学建筑学院专家论证，保国寺

有 12 处特征可对应《营造法式》，或可称为孤例，但它的建成比《营造法式》成书早 90 年，为《营造法式》奠定了基础。

《营造法式》有一种彩画形制叫"七朱八白"，是用丹粉刷饰屋舍的方法之一。简而述之，就是按形制把阑额立面隔成等份，然后每份画上均匀的"八白"，即八段白条纹，八白中间用朱阑断成七隔，其中朱色长度和白色相同。保国寺是中国现存极少数留有"七朱八白"彩画遗迹的地面建筑。

在干燥的北方，有上千年历史的名刹古寺并不少见，但在多雨潮湿、台风频繁、白蚁横行的江南沿海，经受了漫长岁月的风吹雨打、天灾人祸，木结构殿宇建筑能完整保存上千年则绝非易事，而保国寺却做到了这一点。

保国寺是目前可以看到的浙东工匠在北宋时所达到的建筑水平的唯一见证。它不仅留下了当时木结构，还留下了装饰、彩画，可以说集三宝于一身。保国寺大殿内部结构稳定，自身拥有一套和谐的内部系统，鸟雀不做窝，蜘蛛不结网。优质的黄桧木带有一种飞禽、昆虫不愿闻的清香。

保国寺的神奇之处还有殿堂内没有灰尘。大殿顶上错落有致的斗拱结构，形成了一个个姿态不同的"风道"。外面的空气一进入大殿，通过这些"风道"在大殿内产生了回旋气流，称之为"旋风"。旋风在大殿内不停地回荡，自然使梁上不容易结存灰尘。这种"旋风"还会产生一种声波，使飞鸟不敢轻易接近。

驻足于这座千年殿宇中央，仰望"藻井"华丽尊贵，细品"斗拱"纵横错落，触摸"拼合柱"奇思妙想，古人从物理原理到审美情趣兼而顾之，滴水不漏，实乃千古绝唱啊！

①
② ③

① 保国寺大雄宝殿重建于北宋大中祥符六年（1013），是长江以南最古老、保存最完整的木结构建筑之一。建筑特点鲜明：厅堂式构架体系，平面布局呈正长方形，进深大于面阔；斗栱结构复杂，用材断面高宽比为3：2，达到最高出材率和最强受力效果；以小拼大的四段合瓜棱柱为中国最早的实例，柱身有明显的侧脚，既省材又牢固美观，为现存古代木构建筑中所少见；阑额两肩有卷杀，额下采用了蝉肚绰幕构件，额枋上有七朱八白彩绘。

② 这些独特的设计使得大殿结构极为科学，除了通过保持空气流通而让殿内不结蛛网、不积灰尘，长年保持清洁之外，还使整个大殿没使用一枚铁钉，仅靠斗拱之间的巧妙衔接和精确的榫卯技术，就将各个构件牢固地结合在一起，承托起整个殿堂屋顶50余吨的重量。

③ 宁波海上丝绸之路文化遗存资源丰富，充分体现了海上丝绸之路宁波文化的博大精深，展示了历史上宁波海纳百川的广阔胸怀。保国寺是中国古代佛教建筑的典范，对东亚地区，特别是日本高丽等国的寺庙建筑有较大影响。

东亚木构建筑之翘楚

中国木构宗教建筑体系最早完整地传入朝鲜半岛和日本列岛是在南北朝时期，到宋元时期，影响了韩国高丽时代（凤停寺、浮石寺、修德寺等）和日本镰仓时代（东大寺、建长寺）。

明州是当时我国港口和造船业最发达的地区之一，与建筑技艺一脉相承的造船技艺便率先经海上丝绸之路走出国门，为随后的宗教、建筑等文化交流提供了必要的交通工具。在"海道辐凑之地"宋元时期，宁波成为海上丝绸之路上中日、中韩贸易的枢纽港，宁波地区的宋代佛寺建筑也对日本及韩国的佛教建筑技术与艺术的发展产生了重要影响。

在中国历史上，建筑文化往往附属于其

他主流文化对外交流和辐射传播，比如宗教文化。在宋朝，保国寺的宗教影响力远不及天童寺和阿育王寺，但"深山藏古寺"的格局使它成为江南唯一保存下来的北宋时期木构建筑，成为东亚建筑典范。

保国寺大殿作为现存唯一的宋朝时期实物遗存，完整地保留了对日本佛教建筑影响深远的"山门—佛殿—法堂—方丈"这一传统格局。对比同时期的日本木构建筑遗产，特别是禅宗寺院，在建筑式样、梁架结构、细部装饰等方面存在较大相似性。而对比保国寺大殿同时期韩国木构建筑遗产，尤其是柱心包建筑式样，其斗拱布置方式也有诸多共同点，带有明显的中国宋代宁波地区建筑特色。

有1400年历史的元兴寺，是日本最古老的木构建筑之一，在命运轨迹上和保国寺极为相似。一套藏于日本大德寺的明州佛画《五百罗汉图》中，也有"七朱八白"的痕迹。这套《五百罗汉图》是南宋时期明州画匠所绘，其中"敬仰佛堂""藏经入室""寺院浴室"三幅绘有建筑画面，建筑样式均有"七朱八白"的特征。

木材和石料是中国古建筑构造的主要材料。经专业探测，保国寺天王殿前的两座唐代经幢都是梅园石构成的。其中东侧经幢建于开成四年（839），原藏宁波慈城普济寺；西侧经幢造于大中八年（854），原属鄞县永寿庵。它们是已知年代最早的梅园石刻件。此外，保国寺北宋大殿佛台前后部分构件、藏经楼前檐柱、大殿前院粉墙东侧的《灵

山保国寺志序》和西侧的《培本事实碑》，也均系梅园石刻成。

被日本人称为"日本第一""世界第一"的奈良东大寺被作为古代日本的文化象征，而东大寺面前有一对石狮子是用梅园石刻的，这种岩石细腻而坚固，是当时江浙东渡日本的建筑材料。奈良东大寺大佛及大殿于1180年正月全部毁于兵火之中，1182年的复建是由日本重源和尚委请南宋明州（今宁波）匠师陈和卿合作复建的，宁波古代工匠带着本土的建筑风格和建筑技术与当时日本文化展开了一次高密度的融合。

保国寺大殿所用黄桧木可能来自日本。黄桧也称扁柏，属柏科，有辣味，具芳香，当时仅生长于北美、日本及中国台湾阿里山区。桧木在日本建筑上被大量使用，东大寺、京都御苑、唐招提寺、神户净土寺均有使用桧木的遗迹。据文献记载，1196年，重源和尚曾从日本筹集大批木材运到明州，用于阿育王寺舍利殿的修复。在《培本事实碑》中，有清朝开放海禁后保国寺"乃敢浮海伐木购材"的记载。

在日本被称为"小天童"的福井永平寺，曾完全仿自天童寺。宁波天童寺是佛教曹洞宗祖庭，地位很高。日本道元和尚曾于南宋嘉定十六年（1223）来中国学习五年，归国后创立日本曹洞宗，并在今福井县建立永平寺，尊天童寺为祖庭。永平寺的寺院建筑按宋代明州禅寺格局建造，尤其是中轴线上的天王殿、佛殿、法堂布置。可惜永平寺多次被毁，现存建筑多为江户、明治时代重建，

所幸仍不失禅宗式建筑特点。

宁波延庆寺是天台宗三大祖庭之一，在宋朝时亦香火鼎盛。宋哲宗绍圣元年（1094）比丘介然在延庆寺西隅创建十六观堂，七年后竣工，当中建宝阁设供西方三圣，周围池水种上莲花，来此修行的僧人络绎不绝。日僧俊仍法师南宋时来到中国，回去之后，在日本泉涌寺也建立了十六观堂，把相关建筑和修行之法一并搬回日本。

此外，日本港口长崎的"唐人屋敷"、崇福寺建筑、被称为"日本孔夫子"的朱舜水建造的东京后乐园都有与宁波有关的建筑因素。在韩国也一样，其现存三座最古建筑——修德寺大雄殿、浮石寺无量寿殿和凤停寺极乐殿，多多少少都能看到中国苏浙一带的建筑风格。

千年钟声，深沉悠扬。随着海上丝路的延伸，当带有特质的本土越文化、中原汉文化、原始海洋文化，经过长期碰撞、接触、磨合和沉淀，形成宁波这座城市开放包容、求同存异的宽阔襟怀。保国寺的故事不会如云淡风清般散去，在"一带一路"倡议进程中，必将书写更加浓墨重彩的一章。

下图　海上丝绸之路宁波遗产以独特的造型艺术和建筑技术，体现宁波先民的聪明才智和非凡的创造力，是中国古代海洋文化在特定区域的生动展现。规制严整的佛教建筑对周边国家和地区产生了广泛影响，生动地展现了人类历史上海洋文化发展的一个重要阶段的水平，揭开了世界历史不可或缺的篇章，蕴含了中国古代海洋文明的杰出成就，对现行的宗教信仰、传统思想和意识形态领域产生了深刻影响。

记载宁波海上丝绸之路历史的"活化石"

025

百年外滩海丝见证

浙江省宁波市·海上丝路

夕阳悬浮在离地平面很近的低空中，就像大银盆一般闪闪发亮。余晖照在人脸上，脸庞仿佛镀上了一层金子；阳光照在江面上，河水浮光跃金，似乎有无数颗神奇的小星星闪闪发光；最后一丝残阳终于透过两扇窗户上的七彩玻璃打在江北老外滩天主教堂大堂内洁白的墙壁间、廊柱上、圣像下……营造出一种奇光异彩的神秘氛围，流动的光线仿佛流转的岁月，带我走进宁波老外滩百年历史。

天造良港，海定则波宁

打开中国地图，从山东半岛向南，中国的海岸线就向东凸出，然后又向西倾斜，在这个绝妙的转弯处就是宁波，正好居于中国海岸的中间位置。宁波向北不远处就是长江，这就决定了宁波在航海中的重要地位。

在中国近岸海域，由河水和海水混合形成了一股冲淡水性质的沿岸流，譬如东海沿岸流，又称长江冲淡水。东海沿岸的海流路线随季节不同而不同。夏季，在西南季风盛行的 6 到 8 月，浙江沿岸海水向北流，在长江口外与长江水和钱塘江冲淡水汇合，形成一股强大的冲淡水流，向东北直指济州岛方向与对马暖流相接，其中一部分汇入对马暖流进入日本海。这个时节船舶适宜北航。

到了冬季，长江流量大减，东海沿岸流也随着减弱，在偏北季风吹送下，长江冲淡水与钱塘江冲淡水汇合，沿浙闽海岸南下，并穿过台湾海峡直接入南海。这个季节船舶适宜南

① | ③
② |

① 宋元时期明州（庆元）港为我国三大国际贸易港之一。北宋淳化二年（991）始设市舶司，成为中国通往日本、高丽的特定港，同时也始通东南亚诸国。两次受旨打造"神舟"，造船技术居世界领先地位。明代宁波港是中日勘合贸易的唯一港口。清代设在宁波的浙海关是当时全国四大海关之一。

② 宁波的近代商帮利用外滩这一通商口岸所带来的发展机遇，利用身处当时中国对外开放前沿地带及对外贸易的先天优势，纷纷创办轮船公司，从事宁波至上海等地的运输，特别是从事当时颇有风险的对外经济活动，从而大大促进了宁波商帮的近代化进程。现存宁波外滩的 54 处文物建筑中，至少有 31 处与宁波商帮有关。

③ 宁波与海外的"文明对话"始于东汉晚期。这一时期，舶来品和印度佛教已通过海路传至宁波地区。东吴至西晋时期，宁波先后建有五磊寺、普济寺、天童寺、阿育王寺等寺院；早期越窑青瓷也始销朝鲜半岛、日本列岛等地。唐长庆元年（821）明州迁治三江口后，构建州城，兴建港口，置官办船场，修杭甬运河等一系列重大举措，使明州成为我国港口与造船最发达的地区之一，跻身于四大名港（广州、扬州、交州）之列。日本遣唐使先后四次在明州登陆入唐。明州商团崛起，越窑青瓷远销世界各地。图为宁波三江口江北老教堂。

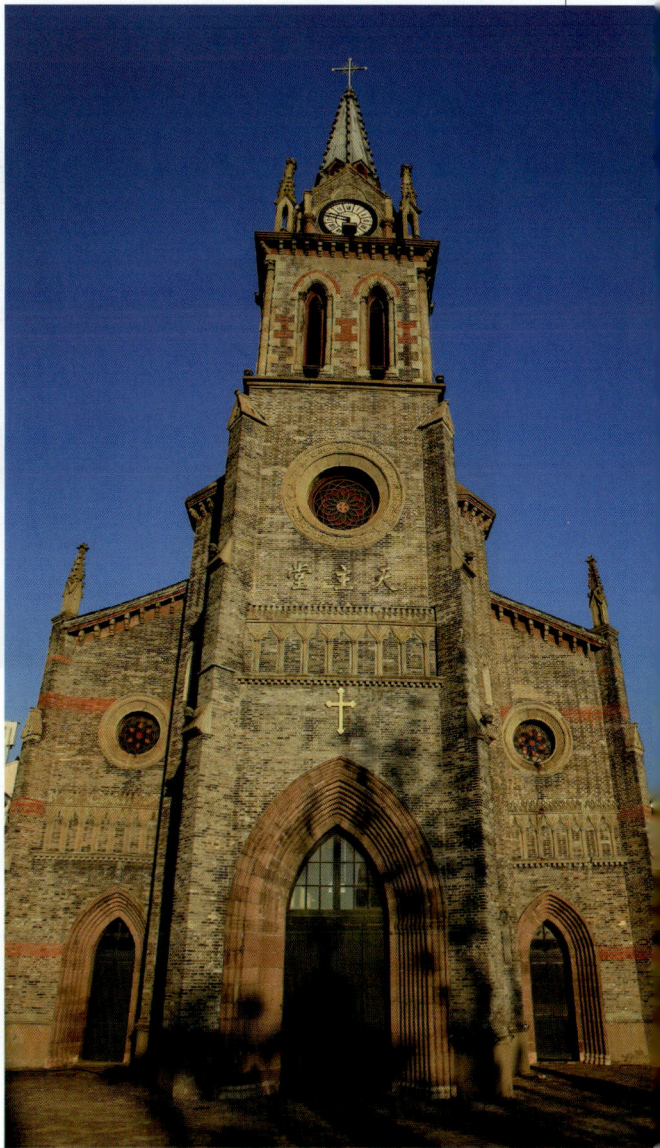

行。宁波恰恰处在海流线路交汇区域。这就给帆船时代的船舶航行带来了极大的便利。

宁波除了优越的地理位置，还有内陆便捷的水上交通。余姚江、奉化江在宁波市区"三江口"汇成甬江，流向东北，经招宝山入东海。流经宁波的姚江虽然向西延伸不远，但在上虞过通明坝有运河通向杭州，与京杭大运河相接。宁波四乡纵横交错的水道

也提供了舟楫之利。在以水路运输为主的古代，这些为宁波港提供了广阔的腹地，如此优越的条件必然带来宁波港口的繁荣。

宁波的地名取自"海定则波宁"，简称"甬"。有 7000 多年文明史的"河姆渡文化"充分证明了宁波是中国海洋文明的发祥地、最早的航海者。唐代，宁波与扬州、广州并称为中国三大对外贸易港口。宋代又与广

州、泉州并列为对外贸易三大港口重镇。明洪武十四年（1381）为避国号讳，将明州府改称宁波府，宁波之名沿用至今。鸦片战争后被辟为"五大通商口岸"之一。宁波自古以米香、鱼香、书香、墨香"四香"名扬天下。作为全国四大商帮（晋、徽、宁绍、潮汕）之一的"宁波帮"享誉全球。《鄞县通志》称："至五口通商后，邑人足迹遍履全国、南洋、欧美各地，财富日增"。尤其是以虞洽卿、朱葆三、李云书等为代表的宁波商帮的崛起，以上海、宁波为基地，从事对外经济活动，经商足迹遍及海内外，富甲一方。

百年老外滩，半部近代史

坐落在三江口的百年老外滩是宁波的文化符号，见证了宁波的兴衰荣辱与历史变迁，代表了宁波不可或缺的一段历史，也是宁波记载海上丝绸之路历史的"活化石。"

一个老外滩，百年近代史。老外滩座落于宁波市核心区域——三江口北岸，东临甬江，西接人民路，南依甬江大桥，北接轮船码头，占地面积近五万平方米，总建筑面积约八万平方米，是目前浙江唯一现存的反映中国近代港口文化的景观。作为洋人外商半个多世纪的聚居地，老外滩不仅具有特色鲜明的近代城市建筑类型，而且受西方影响，留存了大量丰富多彩的建筑。

早在清初，英国殖民者屡屡觊觎宁波港口，多次要求在宁波一带贸易，均遭拒绝。但非法贸易屡禁不绝，用于鸦片交易的"飞箭船"经常在宁波海面流窜。1842 年鸦片战争后，宁波被辟为"五口通商"口岸之一，1844年 1 月 1 日正式开埠，是"五口通商"中最早

① ② ① 宁波老外滩位于浙江省宁波市三江口（甬江、奉化江和余姚江的三江汇流之地）北岸江北区，是进入宁波古城的门户。这里在唐朝为中国四大港口之一，并成为鉴真东渡的起点；在南宋为中国三大港口之一，并设立市舶司专门负责管理对外贸易；当《南京条约》签订后，宁波便成为"五口通商"口岸之一，并于 1844 年正式开埠。

② 沿着宁波老外滩江边，历史建筑一字排开，无声的记录了宁波开埠的历史。这些百年建筑至少有 100 多年历史，保存下来的文物建筑有：英国领事馆、巡捕房、侵华日军水上司令部、浙海关、天主教堂、江北耶稣圣教堂、宁波邮政局、通商银行等，还有一些民房，如老"宏昌源号"、商人私宅"严氏山庄""朱宅"等建筑，这些建筑具有浓郁的欧陆风格，代表了英、法、德、荷等多国建筑风格。与中国传统民居形成鲜明对比，体现了中西方文明交流互汇的历史。

① ② 1844 年 1 月 1 日，宁波五口通商开埠，指定江北岸为外国人通商居留地。1860 年前后，外国领事、商人、教士、外侨侨眷等多数居住在江北岸槐花树下至桃花渡法国天主堂沿江一带。宁波外滩附近的宗教基本上是外来的，在这块区域内，修道院、耶稣堂、天主堂遍布。尚存的外来宗教的一个实物标志就是建于 1872 年的法国哥特式建筑—— 天主教堂，建筑面积 4380 平方米。

的对外开埠区，比上海外滩还早 20 年，是目前国内仅存的几个具有百年历史的外滩之一。

1862 年 1 月 13 日，驻宁波的英、美、法三国领事订立协议，江北岸便成为英、法、美三国侨民的居留区域。至 20 世纪初，宁波老外滩已变成了五方杂处的花花洋场，不仅有体现近代港口文化的领事馆、巡捕房、宁波邮政局、江北天主堂、浙海关等，也有体现近代建筑文化的中国通商银行宁波分行、浙东商业银行、仁济医院手术室、洋行、码头、轮船公司、夜总会、饭庄、戏院等，成为当时宁波城市中对外通商贸易的核心区域，繁极一时。

还有一些民房如老"宏昌源号"、商人私宅"严氏山庄""朱宅"等建筑，这些建筑具有浓郁的欧陆风貌，代表了英、法、德、荷等多国建筑风格，犹如欧陆风情的建筑长廊。

"屈辱之地"的历史记忆

作为海上丝绸之路起始港之一的宁波，遗存着大量港口与贸易、城市建设、多元文化、海防设施等历史文化信息，尤其有两座南北遥相呼应的罗马哥特式天主教堂，曾一

度成为宁波的地标，其中一座是位于药行街 146 号建于清同治五年（1866）的药行街天主堂（天一大教堂）；另一座是江北外滩始建于清同治十一年（1872）的"圣母七苦堂"，也叫江北老教堂。

这些承载着海丝文化的遗迹，一方面印证了宁波始于东汉晚期与海外"文明对话"带来开放包容的蓝色基因；另一方面也折射出明清闭关自守后西方势力霸占宁波三江口"白水权"（坐收国人过往轮船使用费）和"宁波道台一颗印，不如赵主教一封信"的

屈辱历史。

药行街天主堂是一座古罗马风格的高大建筑，通体铁红色，间以白线装饰。始建于清康熙四十一年（1702）。其后几经变故，盛衰毁建，逶迤至1866年底重建落成，名为"圣母升天堂"。不料112年后再经坍塌、火毁，直至1995年筹资重建，于2000年6月竣工。

教堂正面大门采用80吨的花岗石制作，教堂大厅以花岗石装饰地面，全堂门窗采用彩色玻璃，大堂顶部的圆窗用各种圣体的图案，教堂门窗则用圣经故事的图案。悬挂在60米高空钟楼上的大钟是药行街教堂唯一的遗物。天主堂大厅脊高、钟楼高度（66米）为国内现有教堂之最，所见之人无不为之震撼。

当时江北岸最高和地标性建筑物就是江北老教堂，于1872年由法国籍的苏主教建造，天主教堂主体建筑钟楼高达30米左右，是典型的哥特式建筑风格。但在实际施工中就地取材，中西合璧，采用砖木结构，外立面以青砖为主，红砖作边框、线条等装

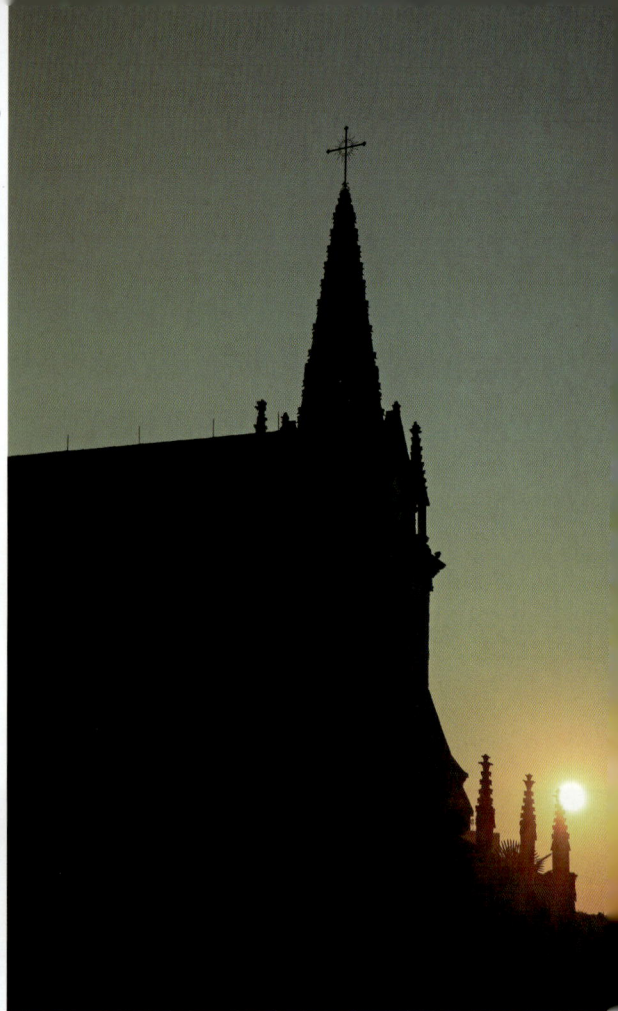

饰，它是浙江省天主教堂建筑中的代表作。

登上江北天主教堂的最高处，向三江口方向眺望，不由惊叹它在老外滩占据的这个得天独后的位置。面临甬江，自新江桥到老外滩码头一带水岸线和水面，当时都归入教堂的产业，出租于人，建造码头，停靠轮船。法国人还在这个天主教堂的三江口上设卡收费，中国人的船只在中国自己的水面上行驶还需要给外国人交钱，这种耻辱就是所谓天主教堂的"白水权"。由于清政府和北洋军阀的膝盖生了"软骨病"，对天主教堂的非法特权置若罔闻，致使江北岸一大段水域被西方列强霸占达 61 年之久。

当时有一个担任宁波主教的法国人叫赵保禄，名气权势相当牛逼，时人有"宁波道台一颗印，不如赵主教一封信"的说法。他过生日的那一天，从药行街天主教堂到江北岸天主教堂，沿街悬挂五色幔帐，张灯结彩，宁绍道台亲往拜寿，权势之重，可见一斑。1926 年他死于巴黎，其遗棺还由法国政府照会北京政府运回宁波安葬，法国军舰还专门开进甬江为他授勋。

历史常常是在不断的矛盾和冲突中向前发展，作为西方列强侵略宁波与浙江的"屈辱之地"，宁波老外滩又成为当时推动宁波走向近代化的"驱动器"，客观上改变了宁波原有的社会和经济结构，开始步入近代化的进程。

浴火重生的宁波地标

2014 年仲夏的一个凌晨，半个宁波城的人都"失恋"了。这个祸端就是宁波地标建筑——老外滩天主教堂发生一场莫名的大火灾。据当时宁波江北区政府官方发布的信息：天主教堂主体房屋屋顶塌陷，受损严重，但房屋墙体尚好。钟楼内的木结构也遭到了比较大程度的毁坏，附属建筑群没有遭到损坏……

天主教传入宁波已有三百五十多年历史。明崇祯元年（1628），最先由葡萄牙传教士（名不详）来宁波设教授徒。在这之后又有意大利人李莱恩、卫济泰在宁波建立天主教堂。清康熙至嘉庆时期，宁波教务屡兴屡衰。直到咸丰元年（1851），罗马教廷要顾芳济继任驻甬，专司浙江教务，这是宁波天主教堂驻有主教的开始。当年太平天国进驻宁波府时，清廷用法国参将勒伯勒东为浙江总兵，受宁绍台道节制，组织洋枪队，保护天主教。这个情形在 1949 年宁波解放以前并没有太大的变化。

天主教堂位于宁波江北岸外滩，是浙江等级最高、留存最完整的教堂建筑。它建于清同治十一年（1872），光绪二十五年（1899）增建钟楼。建筑群由钟楼、主教公署、本堂区及若干信徒宿舍及生活用房组成，结构整齐，具有较典型的哥特建筑风格。同时受到了中国传统建筑的影响，内部结构采用抬梁式，"拉丁"十字型平面尽端的圣室上覆盖中国的攒尖顶，采用中国的筒瓦，成为现存早期中西建筑融合的重要实例。江北天主教堂见证了宁波"五口通商"开埠之后城市发展史、城市建筑史的脉络，带动了整个宁波江北区的形成。

对于老一辈宁波人来说，这座天主教堂承载着他们儿时的记忆。火灾当年 72 岁的张大爷就是其中一个："当儿子说他从手机上看到天主教堂着火的消息，我简直不敢相信自己的耳朵。"张大爷当时什么都不顾地就跑出家门，赶到老外滩。面对眼前的大火场景，半晌说不出话来。张大爷说，他小的时候就经常到这里来玩，长大了，谈恋爱了，跟老婆的第一次约会就在这里。退休后的张大爷迷上了摄影，隔三差五来这里拍摄这个百年古建筑。那天张大爷依旧拿起相机，拍了一张惨不忍睹的天主教堂照片，快门按下的那一瞬间，这位古稀老人情不自禁泪流满面。

除了老宁波人十分伤感，年轻的小宁波人也黯然神伤，因为天主教堂是他们爱情的见证。在宁波拍婚纱照的新人，天主教堂几

① ② 1842 年鸦片战争后，清政府签订了《南京条约》，宁波作为五口通商口岸之一，各国商人蜂拥至宁波，英、法等国采用夺取主权，建立据点，霸占海关、控制海口，垄断航运，推行洋化等一系列手段，把宁波港扭曲成半殖民地性质的港口。1844 年正式开埠。不久，江北岸便发展成为英、法、美三国侨民居留区域。是中国最早的"租界"之一，历史上也称为"外滩"，其开埠历史比上海外滩还要早上 20 年，是中国最古老的外滩之一，一直到上海口岸崛起，宁波口岸的地位才被逐渐削弱。

乎是必选的一个拍摄点位。火灾那天，很多年轻人不约而同在手机上不停刷屏，字里图间透露着无限的伤感和惋惜。"可以说我的大部分童年记忆是老外滩天主堂留给我的，现在教堂旁边的那块大草坪是我以前的小学——中马路小学，每次上课无聊的时候，我就从教室的窗户眺望教堂钟楼上的那口大钟，但现在看到它总是停留在一个时间，它受伤了它在我的记忆里依旧是那么美好，只是失去的再也回不来了……"

"听到这个消息，就如同失恋了一样，因为那里留存着最美好的爱情。昨天，半个宁波城的人'失恋'了……""老外滩教堂不仅是宁波的地标建筑，更是新人拍婚纱的经典取景地，多少宁波新人在这里拍过婚纱照，如今一夜之间被焚毁，想想就很心痛，难道以后只有在照片里怀念它吗？"

真是不幸中的万幸。因为当年江北老教堂墙体的建造方式不同于一般的墙体，采用了错缝砌实叠墙技法，墙体厚度达到60到70厘米，是一般墙体的两倍，牢固度自然"烈火见真金"。加上宁波当地政府采取了精耕细作的修复方案，使江北老教堂复旧如初，风采依然。

从纷繁历史中走来的宁波老外滩，蝉蜕龙变、繁荣依旧。今天的宁波老外滩已是宁波的首善之区。凭借得天独厚的地理优势，近年来老外滩与海内外的经贸联系日益紧密，在"一带一路"进程中继续发挥着重要的引领作用。

本图　1927年，中国政府收回了江北岸外人居留地的行政管理权。江北外滩也在岁月的洗礼中完整地记录下了近代宁波的历史变化，体现西方工业文明的器物与各类设施集中在这里出现，如宽敞的马路、整洁的街面以及电灯、自鸣钟、脚踏车、洋房、教堂、医院、银行等首先在这里出现，在客观上也推动了宁波城市的近代化进程。

将佛教石刻艺术注入中国化、民族化、生活化的灵性

026

最后的丰碑

重庆市大足区·丝绸之路

① 大足石刻摩崖造像达五万多尊，建于 1179—1249 年间。以题材广泛、内容丰富、技艺精湛而著称。大足石窟以宝顶山、北山的规模最大、刻像最集中、造型最精美，是唐宋时期石刻艺术的代表作，同时也是中国晚期石窟艺术的优秀代表作品。

② 宝顶山在大足县城东北 17.5 公里处，山顶有圣寿寺，造像以寺西北山谷中的大佛湾和寺东面的小佛湾为中心，共有石窟摩崖造像 18 处，尚有 10 余处仅有零星作品。宝顶山石刻雕凿年代约在南宋淳熙至淳佑间（1174 ~ 1252），历时 70 余年，由宋代名僧赵智凤经营开凿。

③ 大佛湾是一条深幽的马蹄形山湾，长约 280 米，崖面高 15~30 米，共有 31 组大型雕像及记载宝顶山造像由来和佛教密宗史实的碑刻、题记、舍利塔等。小佛湾雕刻在宽 16 米，进深 8 米的平台上，用条石砌成的壁面和石屋中。小佛湾传说即赵智凤所创建的圣寿本尊殿遗址。宝顶山是留存至今的中国唯一的一座佛教密宗石窟寺。

得名于"大丰大足"，始建于唐乾元元年（785）的重庆市大足县，其城东的宝顶山、城北的北山等处均为典型的丹霞地貌，赤红似火，实为上苍赐予的绝美自然景观。然而，使大足县闻名于世的并不是这些赤壁丹崖，而是隐匿于这些丹霞和密林深处雕凿于峭壁危岩上的数万尊中国唐宋时期千姿百态精美绝伦的石刻造像，丝绸之路上佛教石刻艺术最后的丰碑在这里定格。

大足石刻：高峰过后无来者

一个风清云淡的金秋，大佛湾周边赤色山体掩映着一层轻轻的薄雾，苍老斑驳的石刻沐浴着东方第一缕曙光，空气中弥漫着桂花沁人心脾的阵阵幽香，那种远离尘嚣、超

凡脱俗、令人窒息的绝世之美令人动容。

大足石刻是我国大型石窟造像开凿史上最后的绝唱。1999年12月1日，在摩洛哥历史文化名城马拉喀什举行的世界联合国教科文组织世界遗产委员会第23届会议上表决通过，大足石刻继1987年莫高窟之后，使中国洞窟石刻艺术第二次入选世界文化遗产名录。评价词说：大足地区的险峻山崖上保存着绝无仅有的系列石刻，时间跨度从9世纪到13世纪。这些石刻以其艺术品质极高、题材丰富多变而闻名遐迩，从世俗到宗教，鲜明地反映了中国这一时期的日常社会生活，并充分证明了这一时期佛教、道教和儒家思想的和谐相处的局面。

从公元3世纪始，源于古印度的石窟艺术传入中国后，分别于公元5世纪和7世纪前后（魏晋至盛唐时期）在中国北方先后形成两次造像高峰。中国石窟艺术在其漫长曲折的发展演变过程中，呈现出不同的思想内涵和表现形式。公元4至5世纪魏晋时期以云冈石窟为代表的早期石窟艺术，受印度犍陀罗艺术的影响十分明显，造像多带有"胡貌梵相"的特点。而公元6至9世纪隋唐时期以龙门石窟为代表的中期石窟艺术

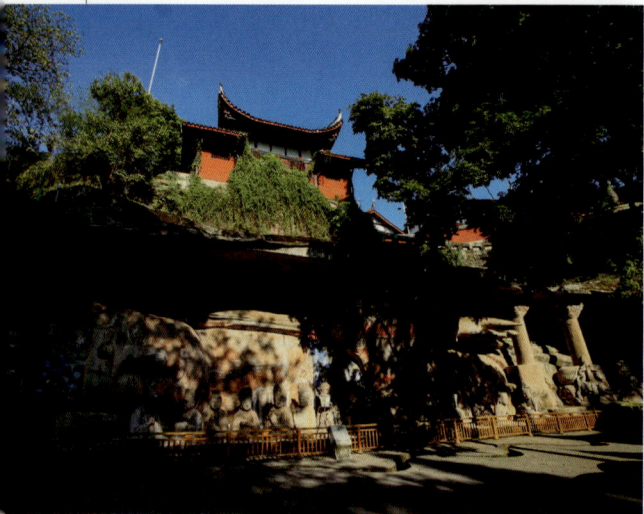

则以印度文化与中国文化相融合为特点。但是，至公元 8 世纪中叶（唐天宝年间）之后，中国大型石窟造像在人们的视线中慢慢消失了，中国石窟造像艺术逐渐走向低谷。

在这消沉之际，藏匿于中国西部腹地长江上游的大足县红色岩崖深处的摩崖石刻造像却横空出世，令世人仰目。自秦汉以来，四川就享有"天府之国"的美誉，不仅物产丰饶，就连煤、铁、盐等矿产亦不依赖外地。唐自"安史之乱"后，国势渐衰。继而黄巢义军攻占长安，迫使玄宗、僖宗两帝临蜀避难。后又出现五代十国割据局面。至宋代又有宋与辽、金旷日持久的消耗战。后南宋偏安一方。至宋末元军入川前，蜀地境内四百多年"西线无战事"，加之蜀地风华物茂、人文荟萃、经济富足、风气开明等因素，众多文化巨匠、能工巧匠、高僧大德纷纷迁蜀定居、献艺、布道。这些因素为大足石刻的异军突起，夯实了社会、文化和经济等基础。

自公元 9 世纪末至 13 世纪中叶晚唐至南宋时期，以大足石刻为代表的中国晚期石窟艺术形成了中国石窟艺术史上的又一次造像高峰，并将中国石窟艺术史向后延续了四百余年。其在吸收、融合前两次石窟造像艺术精华的基础上，在主题寓意、题材选择、艺术形式、造型技巧、审美情趣等方面都有所创新，以鲜明的民族化、生活化特色，成为具有中国风格的石窟艺术的典范，与敦煌、云冈、龙门等石窟一起，构成了一部完整的中国石窟艺术史。自此之后，中国其他地

方大型石窟再无来者。

　　法名智宗的大足名僧赵智凤（1159—1249）是大足宝顶山石刻造像的总设计者和践行者，中国晚期石刻艺术的集大成者。赵智凤出生于大足宝顶山一户贫苦农民家庭，儿时为母治病而求医于古佛岩师，并落发为僧，以化水治病普度众生，弘扬佛法。16岁时外出云游。至孝宗淳熙六年（1179）返乡后传密宗法旨，后成为"第六代祖师传密印"。

　　他按密宗道场的格局，精心设计，巧妙安排，历时70多年，完成石刻共13处，在宝顶山"U"形的沟谷中，分东、南、北三面连续雕琢了上万尊佛像。大佛湾是大足石刻的精华所在，著名的巨型雕刻多达30多幅，主要有六道轮回、广大宝楼阁、华严三圣像、千手观音像、释迦涅槃圣迹图、九龙浴太子、

① ③
②

① 在中国雕塑史上，古代巴蜀地区（现为中国西南部四川省和重庆市）的石窟雕塑占有十分特殊的地位。古时这里是经济和文化发达地区之一，也是中国道教形成和佛教传入最早，石窟造像时间延续最长，分布最广的地区之一。

② 区内有五十余县遗存着两百余处石窟群，其造像活动始于南北朝（420—589），繁荣于唐宋（618—1279），延续至明清（1368—1911），与甘肃敦煌莫高窟，河南洛阳龙门石窟，山西大同云岗石窟等艺术竞相媲美。

③ 大足石刻大佛湾中部"释迦涅磐圣迹图"是宝顶山最醒目、最精华的石刻之一。涅磐，在佛语称"死"的意思。佛祖释迦牟尼半身侧卧，大佛长31米，仅现上半身下半身隐没岩石中，几乎占据整个北崖。采用意到笔不到雕刻手法，含蓄隽永，引人遐思，更显佛像伟大，佛涅磐像面容慈祥宁静，微睁两目，释迦灭度前的神情，表现得淋漓尽致。

① 大足石刻共有造像1030龛（窟），约5万余尊。内容以佛教为主，道教次之，余为佛道合一、佛道儒三教合一、历史人物、供养人（又名功德主）等造像；碑文、颂偈、题记10万余字。雕刻类别主要是高、浅浮雕，少数圆雕，极个别阴线刻。

② 大足石刻以其规模宏大、雕刻精美、题材多样、内涵丰富和保存完整而著称于世。它集中国佛教、道教、儒家"三教"造像艺术的精华，以鲜明的民族化和生活化特色，成为中国石窟艺术中一颗璀璨的明珠。

③ 大足石刻以大量的实物形象和文字史料，从不同侧面展示了9世纪末至13世纪中叶中国石刻艺术的风格和民间宗教信仰的发展变化，对中国石刻艺术的创新与发展做出了重要贡献，具有前代石窟不可替代的历史、艺术和科学价值。

孔雀明王经变相、毗卢道场、父母恩重经变相、雷音图、大方便佛报恩经变相、观无量佛经变相、六耗图、地狱变相、牧牛图等。

这些石刻造像以佛传故事为主要题材，并刻有经文、颂词等文字说明，宛如一幅幅图文并茂的连环图画，所展示的宗教、生活哲理，对世人晓之以理，动之以情，诱之以福乐，威之以祸苦，具有不同于中国其他石窟的显著特点。

宝顶山石窟造像群，无论是佛和菩萨，还是罗汉与金刚，均颇与现实生活中的相关人物十分相近。尤其是造像所反映的当时社会生活情景更是令人叫绝，王公大臣、官绅士庶、渔樵耕读，几乎应有尽有，皆栩栩如生，呼之欲出。可以说是一幅公元12至13世纪中叶中国宋代民间生动的历史生活画卷，开创了民族化、世俗化的宗教圣地，使宝顶山成为巴蜀密宗中心，成为中国石窟艺术史上的一座丰碑。

释迦涅槃圣迹图：永恒的告别

释迦牟尼慧眼微闭，安祥而卧。众弟子从平地涌出，顿现依依眷恋之情，或合掌而立，或手捧香花水果，或手持如意，或侧首仁望，皆静穆庄重，聆听老师最后一次说法。释迦胸前设有供坛、祭品和香炉，袅袅香烟直上青天。云端之中站立着释迦牟尼的家眷，经书上说：释迦之母摩耶夫人于兜率天宫闻得释迦涅槃的消息，率众眷属从天而降，持香花水果，游虚空以赞圣德……

永恒的告别，凝固在南宋大足宝顶山。这龛释迦涅槃圣迹图长达 31 米，是大足石刻中气势最为宏大，意境最为深邃一组造像，在大佛湾中占据了最显赫的位置，恰到好处地表现出佛主涅槃时的安祥之态，既合宗教仪轨，又独具匠心，实为中国石窟艺术之罕见。

据佛经记载，释迦牟尼八十岁时在前往拘尸那迦城途中，身患痢疾，腹痛剧烈，但他忍受痛苦，继续前行。后随弟子来到拘尸那迦城娑罗林双树间，于七宝床上北首右胁而卧。此时树上鲜花盛开，空中充满了天乐和香气，天神群集于卧榻四周。弥留时分，弟子悲从中来，倚门啼哭。释迦将他经历一系列的禅定境界（共二十八个阶段）留于后

世，然后"涅槃"了。

"涅槃"是佛教全部修行所要达到的最高境界，意思是大彻大悟，坚定永恒，能使人从"生死的此岸"渡到"不生不灭的彼岸"。一般指熄灭生死轮回而后获得的一种解脱，即达到肉身消失、不生不死的永恒状

态，是修行者灵魂的永远升华。小乘佛教以"涅槃"为彻底死亡的代称，大乘佛教把"涅槃"说成是成佛的标志。在佛教经论和佛教艺术中，对"涅槃"都不厌其烦地阐述其意义，表现其形象。因此"涅槃"图像是佛教艺术中一种古老而又常见的题材。

根据不同版本《涅槃经》记载，释迦涅槃时，大地发出六种震动，树倒房倾。众弟子挖心剖腹，引火自焚，一片惊慌动乱。早期的涅槃变相图几乎都是以这样的形式来表现的。

既然释迦牟尼达到了修行的最高境界，哪里还会有悲痛欲绝之态呢？众弟子应该为他高兴庆贺才对啊？这就是佛教西传东进到中国后的绝妙之处，释迦涅槃圣迹图自东汉开始也逐渐有了变化，整个画面给人一种

肃穆宁静的感觉，再无先前那种令人崩溃不安的气氛。

在大足大佛湾这龛佛祖涅槃像中表现得尤为突出，它根据传入我国的有关释迦"涅槃"的佛经而进行"自我理解"，运用传统圆刀技法创作雕刻，线条浑厚柔和，纯属中国独创的艺术作品，是一种脱离佛传的、独立的、民族化的、规模巨大的"涅槃经变相"。

涅槃变相历来具有较为严格的造像仪轨。经书记载，佛祖是在两棵娑椤树之间，"头北脚南，背东面西，右手支颐而卧"。大佛湾的卧佛身位与佛经基本吻合。他"头枕北方，足指南方，面向西方，后背东方"，"右胁而卧"与《大般涅盘经》所记完全吻合。

释迦表情安详，慧眼微闭，似睡非睡，怡然自若，毫无苦处，显得慈悲宽怀，气度非

① 大足石刻以佛教造像为主，兼有儒、道造像。具有石窟造像的特征，属于石窟艺术的范畴。早期的"庙宇殿堂"式结构，完全是摩崖造像，如大佛湾造像全都裸露在外，与山崖连成一片，给人一种非常直观的感觉。

② 大足石刻突破了一些宗教的约束，使造像更具人性化、世俗化。雕刻形式有圆雕、高浮雕、浅浮雕、凸浮雕、阴雕五种，但主要以高浮雕为主，辅以其他形式。不仅有不计其数的各阶层人物形象，以及众多的社会生活场面，而且还配有大量的文字记载，展现了一幅生动的历史画卷。

由左至右是分别是迦叶（已毁）、赵智凤（卷发，拱手）、柳本尊（首戴方巾，捧八方钵）、阿难（抱六合瓶）、舍利子（捧钵）、须菩提（持净瓶）、富楼那（持莲花）、目键连（捧果盘）、迦旃延（捧经书）、阿那律（捧如意珠）、耶输陀罗（拱手）、摩利拘利（拱手）、优婆罗（捧盘托钵）、罗侯罗（持如意）。

这些弟子像与佛经记载略有差异：一是佛祖"涅槃"时守候在旁，以及"涅槃"后先后来到佛身旁的弟子中绝未有柳本尊、赵智凤两位四川密宗人士，在其它地方的"涅槃"图中也没有他们两人的形象；二是这些弟子虽面部表情悲哀，流露出依依难舍之情，但没有佛典中描述的怆天悲地之容，更未表现出大地震裂、金刚倾倒的惨烈场面。

在卧佛胸前，有二天王捧抬着香案。香案前有一头戴冕旒、手执笏、形似帝王的造像（身份待考）。香案上陈列着供盘和香炉。盘内盛桃、榴、葡萄等供物。炉中香烟缭绕，

凡。佛头长 6.5 米、眼阔 1 米、口宽 1.5 米；耳心可供二、三人当床睡觉；左臂平伸，长约 20 米。整尊"涅槃"像全长 31 米，侧身横卧于石崖上，双脚隐入岩际，右肩陷入地下，以示释迦牟尼横卧于天地之间。这种处理使造像显得意境博大而有魄力，以有限的空间表现出了宏大的艺术意境，给人以无限的遐想张力。

在"卧佛"身前躬身肃立着声闻、菩萨、帝释和护法等群像十四尊，亦仅露上身。他们即是闻佛"涅槃"先后来到佛身旁的弟子。

徐徐上升，形成一块巨石，与龛顶相接，同右侧的两根雕花立柱一起共同支撑着龛顶六十余吨重的岩石。

卧佛前面有曲折蜿蜒的"九曲黄河"。据说释迦在涅槃之际，众弟子依依不舍，送行不止。尤其是小弟子阿难痛哭流涕，拉着释迦的衣服恳求带上自己。释迦想着弟子们的功德还未圆满，还必须留下修炼，所以一狠心推开阿难，用手一挥，划出一条涛涛大河把他和弟子们隔开。他在河对岸和弟子们久久相望，不忍离去，在他站过的地方留下一双大脚印，有人说这是"大足"的由来。

千手观音："上朝峨眉，下朝宝顶"

嘈杂的人流，终于像海水退潮般一眨眼便消失得无影无踪，宝顶山又恢复了往日的宁静。西边最后一缕余晖透过大殿右上方的窗格映照在千手观音金碧辉煌的石刻造像上，整个观音殿顿时升腾起一股梦幻的光影。

同属巴蜀文化的川渝两地，唐宋石窟造像星罗棋布，保存完好的千手观音数量可观。如富顺罗汉洞、资中重龙山、安岳卧佛沟与千佛寨、夹江千佛岩，以及重庆大足圣水岩、宝顶山、北山等处的石刻千手观音像，都是品味上乘的杰作。其中尤以大足宝顶山千手观音最为耀眼。

千手观音最初的艺术形式是依据《千手千眼观世音菩萨广大圆满无碍大悲心陀罗尼经变相》，即《千手眼大悲变相》制作的。佛教认为，众生的苦难和烦恼多种多样，众生的需求和愿望也不尽相同。因此，拥有无边法力和智慧，能度济众生一切苦难的全能菩萨——千手观音便应运而生。

行深般若照见五蕴皆空普渡众生看殿上菩萨千支金手炳世界

　　无论众生是想渴求财富，还是想消灾免病，千手观音都能大发慈悲，解除诸般苦难，广施百般利乐。在佛教看来，只要虔诚地信奉千手观音，就有"息灾""增益""敬爱""降伏"等益处。

上图　世界文化遗产委员会评价：大足地区的险峻山崖上保存着绝无仅有的系列石刻，时间跨度从9世纪到13世纪。这些石刻以其艺术品质极高、题材丰富多变而闻名遐迩，从世俗到宗教，鲜明地反映了中国这一时期的日常社会生活，并充分证明了这一时期佛教、道教和儒家思想的和谐相处局面。

大足宝顶山千手观音被誉为"天下奇观"，开凿于南宋淳熙至淳祐（1174-1252）年间，高 7.7 米，宽 12.5 米，是我国最大的集雕塑、贴金和彩绘于一体的摩崖石刻造像。它采用纵横交错、上下重叠、反侧相承、深涉错落的布局，在 88 平方米的石崖上刻有数不胜数只手、眼，金身庄严，法器华彩，千手灵动，胜似孔雀开屏。堪称人间一绝！千手观音完工之后，吸引了无数佛教信徒，在川渝地区形成"上朝峨眉，下朝宝顶"的民间传统。

　　在千手观音的两边还塑有四尊小的造像，右边为婆薮仙，左边为吉祥天女。头戴猪首者为金刚亥母，头戴象首者为毗那夜迦，他们原为婆罗门教中的一对凶神夫妻，被千手观音所降服，这里完全演变成了女

左图　　大足石刻以其浓厚的世俗信仰，纯朴的生活气息，在石窟艺术中独树一帜，把石窟艺术生活化推到了空前的境地。在内容取舍和表现手法方面，都力求与世俗生活及审美情趣紧密结合。其人物形象文静温和，衣饰华丽，身少裸露；形体上力求美而不妖，丽而不娇。造像中，无论是佛、菩萨，还是罗汉、金刚，以及各种侍者像，都颇似现实中各类人物的真实写照。特别是宝顶山摩崖造像所反映的社会生活情景之广泛，颇似公元十二世纪至十三世纪中叶间（宋代）的一座民间风俗画廊。无论王公大臣、官绅士庶、渔樵耕读，各类人物皆栩栩如生，呼之欲出。大足石刻中的"五山"摩崖造像，可以说是一幅生动的历史生活画卷，它从各个侧面浓缩地反映了公元九至十三世纪间（晚唐、五代和两宋时期）中国社会生活，使源于印度的石窟艺术经过长期的发展，至此完成了中国化的进程。

像。另外，在千手观音两边的角落还分别刻有一穷人和一饿鬼，表示阴阳两界都能得到千手观音的拯救。

千手观音造像在中国佛教造像中比较普遍，但像大足宝顶这样立体的石刻千手观音却世所罕见。"画人难画手"，要画出一百只不同形状的手都很不容易，更何况在坚硬的岩壁上打刻一千多只手，而且手的姿势无一雷同，没有一只手被打坏，这真可谓是鬼工雷斧、天造地设，让人叹为观止。

在通常情况下，观音造像只要有十只手便可称千手观音。常见的千手观音多数是营造有三十二只手或四十八只手，以示观音的三十二变相和四十八大愿，其他的手皆用背光的形式来表现，以达到"千"的涵义。千手观音每只手上还分别持有各种各样的法器，如日、月、宝剑、意珠、宝瓶、莲花、宝镜等。

大足宝顶山千手观音到底刻有多少只手？八百多年来一直没有定论。历代能工巧匠曾有不同的统计方法，一直到2009年，还据传有1 007只手。千手观音造像因受风化等多种"病害"侵蚀，曾多次修复。最近一次大面积贴金是在清代光绪十五年（1871），当时一名和尚工匠负责为千手观音贴金箔，他为了数清千手观音的手，每贴完一只手的金箔，就往桶里扔一支竹签。完工后，清点竹签发现桶内有1007根竹签。

2009年，来自全国的文物专家对大足千手观音进行了大规模的修缮。经实地拍照测绘，将千手观音的全部影像输入电脑，一只一只编号，数出829只手。并应用考古学方法，把千手观音平面分成88个探方，反复梳理每一块，最后数出830只佛手，这个千古之谜最终定格。被忽略的佛手其实是半截手臂，位于上方，隐藏在众多佛手和法器中间，如果不用微分法很难发现。

历时近8年之后，2015年6月13日，在第十个中国文化遗产日，大足宝顶千手观音造像抢救性保护工程正式竣工，千手观音造像披着100多万张金箔"重现金身"。我在观音堂中伫立良久，仰望主尊端坐莲台，目光微垂，面带微笑，毕现南宋气质，她像在听人世疾苦，又像在劝人向善，令我久久不能释怀。

大足石刻在艺术上达到了"神的人化与人的神化"的高度统一，并以鲜明的民族特色，绝无仅有的历史、科学和艺术价值，在我国古代石窟艺术史上占有举足轻重的地位，被国内外誉为神奇的东方艺术明珠，是一座独具特色的世界文化遗产宝库。

在伟大的艺术面前，人显得无比渺小。不知有多少人跋山涉水来此拜谒、省度人生；不知有多少人在栩栩如生的造像中看到了自己的身影顿觉不知所从；不知有多少人被生活化、世俗化的石窟造像感动的热泪盈眶、泣不成声；不知有多少人在此临摹绘画摄影流连忘返……大足石刻为佛教造像注入了中国化的灵性，并使之定格在静美永恒的氛围中，向世人昭示着中国石窟艺术的伟大力量。

万里长江石门水路的守护神

027

万里长江第一佛

重庆市江津区·丝绸之路

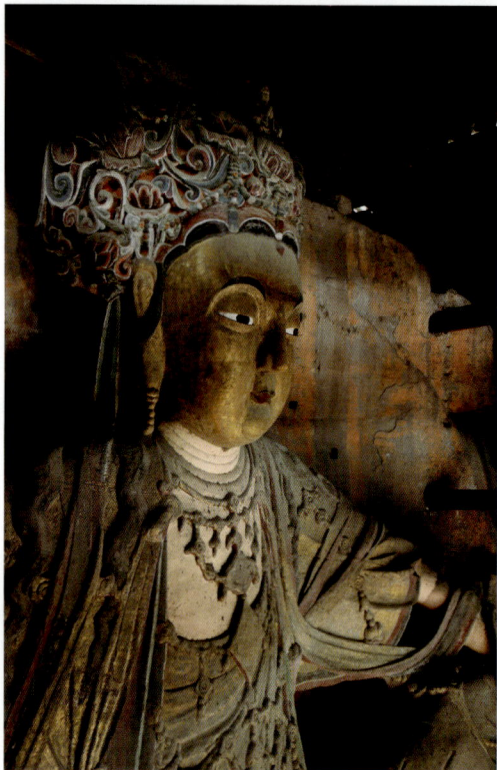

佛云：厚德载物，有容乃大。在巴蜀大地，到底奉有多少尊大佛？佛教自东汉传入我国，从南北朝到隋唐五代，印度佛教的石窟艺术也紧随其后。在新疆、甘肃、山西、河南、四川、山东、江苏、云南等地，相继出现了以中国雕塑和绘画为基础、吸收印度犍陀罗艺术精华而发展起来的具有中国民族风格的佛教石窟艺术。

公元 755 年"安史之乱"后，唐王朝内乱不已，中原地区的社会和生产遭受重创。而偏于西南一隅的天府之国四川却数百年无战事，社会、经济和文化日趋繁荣。唐玄宗避难来蜀，中原地区不少贤人志士和能工巧匠也随之迁来，为四川佛教艺术的发展创造了条件。

又过了几十年，到了公元 883 年，唐僖宗因黄巢起义军攻破长安避入西蜀。在他的倡仪下，四川境内广修寺庙、凿刻佛像之风盛行，使四川佛教艺术得到进一步的发展。蜀主王建也力推凿窟造像之风。自此四川开凿石佛的流风余韵数千年绵延不绝，摩岩造像遍布于巴蜀境内的水隈山谷，使山川增晖。

现在查明，四川境内摩岩造像达一百二十四处、五十余万尊，上起北魏宣武帝延昌三年（514），下迄 1926 年，历时一千四百余年。其中十米以上的摩岩大佛有十九尊，大部分集中在峰峦起伏、群山逶迤的长江西岸，其中属于唐代的十尊，属于宋代的五尊，属于明代以后的四尊。

比较著名的有乐山大佛、大足卧佛、荣县大佛、资阳大佛、潼南大佛、潼南卧佛、安岳卧佛等。这些摩崖大佛东自江津，西抵乐山，北起阆中，南到屏山，分布在川中丘陵地带的十四个县市，或崛立于江畔，或幽居

① 当年工匠们把坚硬的石崖，一凿一凿雕琢成了面慈目善的佛像，并饰以华丽的宝冠，饰以飘逸的袈裟和精巧的璎珞。让人觉得观音不像神佛，而像体态丰满、雍容华贵的民间贵妇。大佛的神态动作更是别具一格，不是正襟危坐布道说教的模样，而是身往后倚，略带倦意，好象远足归来，在此依崖小憩。膝上的手指半提下摆，衣敞处似乎还在散发难耐的体热。

② 江津大佛寺位于重庆市江津区石门镇境内，地处江津区的长江北岸，始建于宋，是一处以佛教水月观音造像为主体的寺院，寺内建筑为三合院布局。正殿为七重飞檐歇山式顶，琉璃瓦盖，通高 24.84 米，依崖而建，结构严谨。

于深谷。尽管镌刻年代各异，艺术风格不同，但佛像所表现出来的气质都具有一种不离世间而又高于世间、高于世间而又接近世间的共同特征。

那洞悉世间哲理、慈祥恬适的神情，那超脱世俗、妙相庄严的风度给人留下难以忘怀的印象。它们不但是佛教艺术和社会生活的融合，也从某一侧面反映了镌刻佛像的各个时代物质文明和精神文明的水平。

相比于上述大佛，江津石门大佛是一个例外。一是因为地处偏僻，交通不便，鲜有人知；二是因为隐藏于大佛身世的许多谜团至今未解，有关大佛的信息流传甚少；三是此佛造型艺术有些"另类"。

从重庆永川沿长江一路南下，行至江津区石门镇，沿着江岸的青石台阶拾级而上，

只见江边有一座红墙青瓦寺院，规模不大，十分普通，要不是依崖而建，雄伟壮观的七层琉璃瓦宝塔耸立其中，它也就与农家院落相差无几。宝塔是正殿，高三十多米，几层梁架一头凿进石壁，一头连着六根巨柱，托起了巨大的塔身。塔内有三层阁楼，从下到上，可到石像顶，可观长江浪涛尽。

进入大殿之后，首先扑入眼帘的是一尊巨大无比的水月观音摩崖造像，人称"长江第一大佛"，通高约13.5米，肩宽约5.9米，胸厚约5.2米，雕刻精湛细腻，线条流畅，立体感和美感都令人震撼。

抬头仰望，这尊佛像的造型与其他传统的观音造像有所不同，这尊水月观音"懒坐"于莲花之上，左脚微抬轻踏荷叶，左手置于左膝上，右手则自然下垂，神态安详。一般观

音造像要么胸饰璎珞，要么腹部挂法轮，但石门大佛却是两者兼俱，这种配饰在国内实属少见。当年工匠们把坚硬的石崖一凿一凿雕琢成了面慈目善的佛像，使之呼之欲出，气场逼人。观音膝上的手指半提下摆，衣皱处似乎还在散发微热的体温。

因为大佛和佛阁同为大足时代的北宋遗存，所以除了对底层开放以外，现已成危房的佛阁两至三层已关闭多年，这为近距离全方位观赏大佛带来了困难。花费一番周折后，经过当地文保部门审批程序，我终于如愿以偿，景区为我打开了通往佛阁上层的边门。

当问及这尊大佛的"身世"来历，陪同上楼的文保员说至今未有准确定论。"石门自古为长江险滩。相传宋神宗年间，玉帝巡游至此，发现此地民不聊生，托梦给神宗皇

左图　大佛寺中最引人注目的就是大佛寺的摩崖造像，脚踏莲花观音造像，坐北向南，通高13.5米，肩宽5.9米，胸厚5.2米。造像刻工精湛，细腻，线条流畅，立体感和审美感极强。观音造像慈眉善目，端庄娴静，头戴宝冠，宝冠中有一笑容可掬的罗汉。造像身着天衣绶带，全身贴金彩绘，胸饰缨络，腹部悬挂法轮，懒座于莲花之上，左脚微抬轻踏荷叶，左手置于左膝上，右手自然下垂，神态安详，雍容华贵中透露着自由自在，无拘无束。神韵伟岸栩栩如生。这是全国脚踏莲花观音造像中最大的一座。在全国佛像中排位第九。

佛寺，距城百里，近石门场大江边，古凿大佛手岩上，高十丈许，左有石如净瓶，右如鹦鹉，寺依岩石建筑，高达十余丈，为楼七层。"后清乾隆年间曾于改建，清同治八年（1896）又对大佛寺进行重修。最近一次修缮是2005年，当地政府对大佛进行了防渗水、贴金彩绘等保护维修。

"现在的大佛寺是七重檐杉木结构建筑，为中国清代典型的高层建筑。"文保员介绍说，正殿的七重檐建筑每层由低到高，面积逐层递减。最顶层建筑刚好与佛像的额头处在同一水平线上。因此每当夕阳西下，阳光透过窗棂的折射，刚好投射到佛像额头的"佛印"位置，远看恰似一道光芒四射的"佛光"。

我拾阶旋转而上，这尊我国现存最大的脚踏莲花观音造像近在眼前，他端庄娴静，慈眉善目，头戴宝冠，胸悬法轮，脚踏莲花，身披袈裟，全身贴金绘彩，头部还有一尊笑容可掬的罗汉，我与观音四目相对，似乎感觉到了菩萨那沁人肺腑的呼吸……

帝，命他派人铸水月观音像坐镇于此。像成之后，石门水域风平浪静，水月观音也成为了过往船只的守护神。"

虽然始建年代不详，最早有文字可考的是明万历年间的《蜀中名胜记》："县西十里，有古石羊驿，其地亦名石门，对江壁上刊大佛……"据此推断，这尊观音造像应建于北宋年间。《江津县志》也记载："大

关于本书参考文献和索引

[1] 汪毅 . 安岳石刻艺术 [M]. 四川：巴蜀书社，2019.

[2] 泸州市博物馆 . 泸州市博物馆藏宋墓石刻精品 [M]. 北京：中华书局，2016.

[3] 罗哲文 . 中国名桥 [M]. 天津：百花文艺出版社，2006.

[4] 马例文 . 闽西四堡坊刻的兴衰及其原因 [J]. 福建学刊，1992.04.

[5] 泉州港务局 , 泉州港口协会 . 泉州港与海上丝绸之路 [M]. 北京：中国社会科学出版社，2005.

[6] 泉州市文物局 . 泉州洛阳桥修缮报告 [M]. 北京：方志出版社，2010.

[7] 出宝阳 . 洛阳桥石刻 [M]. 福建：海潮摄影艺术出版社，2016.

[8] 王奎 . 石窟之祖：武威天梯山石窟 [M]. 甘肃：甘肃人民美术出版社，2018.

[9] 宿白 . 中国石窟寺研究 [M]. 文物出版社， 1996.

[10] 胡杨 . 中国河西走廊 [M]. 甘肃：甘肃人民美术出版社，2010.

[11] 武威通志编委会 . 武威通志 [M]. 甘肃：甘肃人民出版社， 2007.

[12] 陈庆英 . 帝师八思巴传 [M]. 北京：北京大方弘文出版社，2007.

[13] 欣力 . 八声甘州 —— 西北万里寻祖记 [M]. 北京：生活·读书·新知三联书店，2011.

[14] 滕珊珊 . 长白秘闻之不咸灵迹 [M]. 北京：东方出版社，2014.

[15] 戴维·斯坦克利夫 . 教堂建筑 [M]. 吴丹青，吴中庆，译 . 河南：大象出版社，2013.

[16] 吕楠 . 在路上 —— 中国的天主教 [M]. 北京：中国图书出版社， 2008.

[17] 赵云田 . 北疆通史 [M]. 河南：中州古籍出版社，2003.

[18] 巫新华 . 克孜尔石窟壁画 [M]. 山东：山东美术出版社，2013.

[19] 龟丝石窟研究所等 . 克孜尔石窟志 [M]. 上海：上海人民美术出版社，1993.

[20] 钟侃 / 吴峰云 / 李范文 . 西夏简史 [M]. 宁夏：宁夏人民出版社，2005.

[21] 宋永忠 . 须弥山石窟艺术研究 [M]. 北京：阳光出版社，2013.

[22] 薛正昌 . 六盘山：须弥山石窟 [M]. 宁夏：宁夏人民出版，2000.

[23] 陈育宁 , 汤晓芳 . 西夏艺术史 [M]. 北京：生活·读书·新知三联书店，2010.

[24] 高其才，王奎 . 锦屏文书与法文化研究 [M]. 北京：中国政法大学出版社，2017.

[25] 吴正光 . 镇远中华遗产乡土建筑 [M]. 北京：清华大学出版社，2016.

[26] 李春元 . 明朝榆林总兵 [M]. 西安：陕西师范大学出版社，2011.

[27] 赵现海 . 明长城时代的开启 [M]. 兰州：兰州大学出版社，2014.

[28] 周国汉 . 张骞大传 [M]. 银川：宁夏人民出版社，2007.

[29] 【英】彼得·弗兰科潘 . 丝绸之路：一部全新的世界史 [M]. 邵旭东，孙芳，译 . 杭州：浙江大学出版社，2016.

[30] 黄启臣 . 广东海上丝绸之路史 [M]. 广州：广东经济出版社，2003.

[31] 谭金花 . 开平碉楼与村落的建筑装饰研究 [M]. 北京：中国华侨出版社，2013.

[32] 程建军 . 广州光孝寺 [M]. 北京：中国建筑工业出版社，2016.

[33] 任宜敏 . 中国佛教史 [M]. 北京：人民出版社，2010.

[34] 伍鹏 . 浙江海上丝绸之路文化 [M]. 北京：经济科学出版社，2016.

[35] 张十庆 . 宁波保国寺大殿 [M]. 南京：东南大学出版社，2012.

[36] 徐文浩 . 宁波老建筑 [M]. 宁波：宁波出版社，2010.

[37] 重庆大足石刻艺术博物馆 . 大足石刻 [M]. 重庆：重庆出版社，2010.

[38] 黎方银 . 大足石窟艺术 [M]. 重庆：重庆出版社 ,2002.

[39] 吴涛 . 巴渝文物古迹 [M]. 重庆：重庆出版社，2004.

[40] 刘长久 . 中国西南石窟艺术 [M]. 成都：四川人民出版社，1998.